本书成果得到国家自然科学基金项目（71902013）；长安大
基本科研业务费（300102230620；300102239622）的资助。

Research on the Relational
Embeddedness Asymmetry between Channel Members

渠道成员间
关系嵌入不对等研究

杨 伟 著

中国财经出版传媒集团
经济科学出版社
Economic Science Press

图书在版编目（CIP）数据

渠道成员间关系嵌入不对等研究/杨伟著. —北京：
经济科学出版社，2022.3
ISBN 978 - 7 - 5218 - 3504 - 5

Ⅰ.①渠…　Ⅱ.①杨…　Ⅲ.①企业管理－销售管理
Ⅳ.①F274

中国版本图书馆 CIP 数据核字（2022）第 046747 号

责任编辑：杨　洋　赵　岩
责任校对：刘　昕
责任印制：王世伟

渠道成员间关系嵌入不对等研究
杨　伟　著
经济科学出版社出版、发行　新华书店经销
社址：北京市海淀区阜成路甲 28 号　邮编：100142
总编部电话：010 - 88191217　发行部电话：010 - 88191522
网址：www. esp. com. cn
电子邮箱：esp@ esp. com. cn
天猫网店：经济科学出版社旗舰店
网址：http：// jjkxcbs. tmall. com
北京季蜂印刷有限公司印装
710×1000　16 开　12.5 印张　250000 字
2022 年 4 月第 1 版　2022 年 4 月第 1 次印刷
ISBN 978 - 7 - 5218 - 3504 - 5　定价：51.00 元
（图书出现印装问题，本社负责调换。电话：010 - 88191510）
（版权所有　侵权必究　打击盗版　举报热线：010 - 88191661
QQ：2242791300　营销中心电话：010 - 88191537
电子邮箱：dbts@ esp. com. cn）

前　言

在竞争日益加剧的市场环境中，越来越多的企业管理者希望通过与合作伙伴建立和维持一种紧密的、牢固的嵌入关系来应对市场挑战，减少企业面临的不确定性和风险、建立获取信息和资源的途径并最终提高企业的绩效。然而，企业间嵌入关系在为企业带来好处的同时，也存在着许多潜在的风险。这是因为，一方面，嵌入关系可能会降低企业建立和发展新的交易关系的能力和机会；另一方面，嵌入关系的发展和维持也可能产生较高的成本问题，比如，企业成为其合作伙伴机会主义或寻租的目标，维护高度嵌入的关系需要耗费大量的时间和精力，导致企业从嵌入关系中获取的收益不断降低等。因此，从理论上和实践上探讨企业间嵌入关系的影响特别是负面影响，对于我们理解嵌入对企业的作用、管理企业间嵌入关系等具有重要的理论意义和实践指导。

本书研究了渠道成员间关系嵌入不对等对供应商关系绩效的影响作用，同时检验了契约完备性和法律体系不完备性对上述关系的调节作用。基于社会嵌入理论、制度理论、交易成本理论，通过对企业现场访谈和问卷调查的方法，提出了本书的研究模型和假设。利用来自中国家电行业225对供应商和分销商的双边数据，采用一般回归分析和分样本调节的检验方法，对本书提出的假设进行了检验。数据分析结果大部分支持了本书的预期假设，证明了在渠道关系中，供应商的嵌入劣势对供应商的关系绩效具有负向作用，而供应商的嵌入优势则对供应商的关系绩效具有正向作用；进一步地，契约完备性能够有效地减少供应商关系嵌入劣势对供应商关系绩效的负向作用，降低供应商关系嵌入优势对供应商关系绩效的正向作用；法律体系的不完备性则会增强供应商关系嵌入劣势对供应商关系绩效的负向作用，增强供应商关系嵌入优势对供应商关系绩效的正向作用。本书的研究拓展和丰富了渠道关系管理的文献，为企业的实践提供了理论基础和指导方针。

与以往的研究相比，本书的创新成果主要体现在以下4个方面：

（1）本书的研究揭示了渠道关系中关系嵌入的积极作用和消极作用。研究结果表明，供应商的关系嵌入劣势与供应商的关系绩效负相关，供应商的关系嵌入优势则与供应商的关系绩效正相关。这一研究为理解关系嵌入对企业绩效的影响提供了全面的视角，从实证上支持了渠道成员间关系嵌入在带来积极作用的同时，也会产生消极作用。因此，本书不仅支持了关系嵌入积极作用的观点，更重要的是，验证了以往社会嵌入理论学者对关系"过度嵌入"消极作用的观点，弥补了当前文献对关系嵌入负面作用研究的不足。

（2）本书界定了渠道成员间关系嵌入的内涵和测量指标。以往的研究大多采用单一的构件，比如信任程度、关系持续时间或者依赖程度来测量和反映关系嵌入水平。在以往研究的基础上，本书指出了关系嵌入的要素同时包括了信任、承诺和公平感知等因素。这一测量有助于更加全面地反映和分析关系嵌入的内涵及作用；进一步地，本书引入了关系嵌入不对等这一概念，利用渠道成员间关系嵌入的差异来测量供应商和分销商关系中的"嵌入不对等"。这样的操作使得关系嵌入不对等的测量更加具体和明确，既可以测量出关系中的过度嵌入程度，也可以清楚地指明过度嵌入的方向，即交易关系中的哪一方处于过度嵌入的局面，这就为进一步管理和应对过度嵌入提供了可能。

（3）本书检验了交易关系中契约完备性对渠道成员间关系嵌入不对等与供应商关系绩效间关系的调节作用。交易成本理论指出，契约作为一种正式的法律框架，可以降低合作伙伴的行为不确定性，治理企业间的交易关系。以往研究关注了契约作为一种治理机制，对于降低交易成本、促进企业间合作及提高企业绩效的直接影响作用。与以往研究不同，本书验证了契约完备性对企业行为和绩效的间接作用。这一研究为理解契约机制对于在特定嵌入情景下企业行为的作用提供了新的视角和见解，即契约可以应对企业所面临的关系嵌入"困境"，降低企业"过度嵌入"所带来的风险。

（4）本书检验了法律体系不完备性对渠道成员间关系嵌入不对等与供应商关系绩效间关系的调节作用。制度理论指出，宏观法律体系作为一种重要的制度环境，对制度环境内部的实体存在显著的影响作用，特别是对企业间的交换过程和交易行为。以往的研究更多地关注制度环境对企业间交易行为和企业绩效的直接作用，较少关注制度环境作为一种潜在的"环境嵌入"，如何影响企业在特定的"关系嵌入"情景下的交易行为，并最终影响企业的绩效。本书的研究证明了作为一种制度嵌入，法律体系与关系嵌入对企业绩效存在互动影响作用。研究结论丰富和拓展了嵌入理论和制度理论，为这两种理论在新兴经济市场的应用提供了新的实践结合点。

目　录

第1章

绪　论

1.1　研究背景及意义

随着改革开放进程的不断加深，我国的政治、经济和社会结构都发生了翻天覆地的变化，企业所面临的国内市场环境和国际市场环境也发生了深刻的变革。一方面，随着中国加入世界贸易组织（WTO），国家经济高速增长，国外大型跨国企业的进入使市场上的产品无论是种类还是品质都得到大幅度的提升；另一方面，随着科学技术革命的进一步发展，产业技术创新速度日益加快，这就大大缩短了产品生命周期，催生了个性化和多样化的客户需求，企业之间的竞争变得空前激烈。由于自身资源的限制，供应商很难依靠自身的力量来应对环境的变化，这就需要加强与其他企业，特别是与分销商的合作，整合资源来应对复杂多变的市场环境，进而在终端市场占据优势。因此，越来越多的供应商与分销商的关系从传统的生意关系发展为长期的、紧密的合作关系。通过市场调查和企业访谈，本书发现在一些竞争比较激烈的行业中，大多数供应商与较少的几个主要分销商之间开展了频繁的、大量的经济交易。尽管分销商的数量在不断减少，但供应商与主要分销商的贸易额却在不断上升，甚至占到了全部贸易额的70%～80%；与此同时，分销商也与较少的几个主要供应商建立了贸易关系，与主要供应商的采购量也高达全部采购的

70%；进一步地，供应商与分销商之间的合作时间也越来越长，有些合作关系已经长达 10 年甚至更长时间①。

随着供应商和分销商之间长期紧密合作关系的不断深入，供应商和分销商的行为和决策都越来越多地嵌入在当前的合作关系中。格兰诺维特（Granovetter，1985）指出，供应商和分销商之间的二元关系嵌入性通常表现为较高的信任、高水平的承诺以及企业交往过程中的高度公平感知，这些因素会对供应商和分销商的决策和行为产生重要的影响，最终影响供应商和分销商的绩效。供应商和分销商之间的关系嵌入可以为企业间交易提供便利，从而有效提高企业的绩效。首先，关系嵌入有利于企业获取高质量的信息和进行知识共享，特别是隐性知识的交流（Dhanaraj et al.，2004）。乌兹（Uzzi，1997）通过对美国纽约企业的调查发现，在同行业中具有比较亲密关系的企业更能够互相交流各自的知识。在发展嵌入关系的过程中，合作伙伴能够逐渐增加彼此间的了解和依赖，从而有利于加深彼此间的认同感。其次，关系嵌入能够作为一种社会控制机制，实现治理和规范联盟行动者行为的目的（Rowley，Behrens & Krackhardt，2000）。企业建立合作关系或者合作联盟是为了获取所需要的各种外部互补性资源、实现风险和成本的分担。拉森（Larson，1992）指出，关系嵌入是一种信任、互惠、长期的观点，能够有效制约行动者的短视行为，发挥维系合作、实现共同获利的作用，因为"信任可以说是嵌入性的基本逻辑"。最后，关系嵌入理论指出，基于信任、共同收益和互惠基础上的企业间强联结关系可以为企业带来两方面的竞争优势（Rowley et al.，2000）。一方面，企业间的强联结关系能够为企业带来高质量的信息和隐性知识的转移（Uzzi，1996；Larson，1992；Hag & Johanson，1983）；另一方面，企业间的强联结关系作为一种控制机制，能够有效规范企业的行为（Uzzi，1996；Larson，1992；Powell，1990）。因而，企业间的信任、承诺和公平能够有效促进企业绩效的增长。

然而，企业间的关系嵌入在带来巨大收益的同时，也带来了许多潜在的风险。这是因为在企业间合作的过程中，合作双方的关系嵌入水平，

---

① 数据来源于作者调研而得。

也就是企业间的信任、承诺和公平感知的水平往往是存在差异的。这种关系嵌入的不平衡或者说过度嵌入将会使得关系嵌入从竞争优势变为劣势，甚至影响企业绩效。正如研究关系嵌入的学者所指出的，关系嵌入存在着很大的风险。随着企业嵌入程度的增加，嵌入所带来的成本就变得更加明显，当企业过度嵌入时，企业从二元嵌入中所获取的价值是不断降低的（Portes & Sensenbrenner，1993；Uzil，1997；Hagerdoorn & Frankort，2008）。第一，企业过度嵌入会限制企业的关系能力，即不断建立、维持和发展新关系的能力（Lechner，Dowling & Welpe，2006），使企业被锁定在当前的交易关系之中（relationship lock in），进而为企业的发展带来障碍；第二，企业间的强联结关系就好比一个信息和视角的过滤器，将企业与外部市场隔离开来，带来认知锁定的风险（cognitive lock in），因此，降低了企业应对外部环境变化的灵活性，从而不利于企业的发展（Gargiulo & Benassi，2000）；第三，当企业过度嵌入时，有可能面临交易被锁定的风险，从而增加了退出当前交易关系或者转换的成本，甚至可能成为合作伙伴"敲竹杠"的对象。

基于以上不同的观点，企业间嵌入关系的建立在为企业带来竞争优势的同时，也会带来一些成本和风险。当前对供应商和分销商之间关系的研究大多关注二元关系嵌入为企业带来的积极作用，很少去关注和讨论二元关系嵌入对于企业绩效的负面作用；尽管一些学者已经尝试着从理论上指出关系嵌入的负面作用，我们依然不清楚供应商和分销商间关系嵌入不对等具体是如何影响企业绩效的。

首先，通过对以往嵌入理论的文献进行综述，我们发现尽管很多学者都指出了二元嵌入关系的特征，对于二元关系嵌入仍然没有形成清楚的、一致的内涵界定。普罗文（Provan，1994）研究了供应商和分销商网络关系中的关系嵌入性。他指出，当供应商更依赖于购买商时，供应商就更多地嵌入在当前的关系中；古拉蒂和西奇（Gulati & Sytch，2007）研究了供应商和分销商之间的关系嵌入，也就是依赖总和和依赖不对等对于供应商绩效的影响作用。由此可见，他们都认为供应商和分销商之间的依赖水平是决定企业间关系嵌入的重要因素。与之不同的是，乌兹

（1997）在讨论市场中嵌入关系的形成因素时指出，企业间紧密的关系、企业间的相互信任、价值信息的传递以及共同解决问题的框架等因素是形成企业间嵌入关系的重要决定因素；在乌兹（1997）的基础上，达纳拉杰等（Dhanaraj et al.，2004）把关系嵌入定义为企业间的强联结、相互信任以及他们之间共享的价值和系统。而穆尔曼等（Meuleman et al.，2010）讨论了在联盟情景下的关系嵌入，他们把合作企业间近五年内进行交易的次数作为联盟企业间关系嵌入的测量因素。综上所述，我们可以看出，关系嵌入作为企业间合作关系中的重要因素，目前没有形成明确的内涵和测量标准，特别是在渠道关系中，对于关系嵌入的研究大都是围绕依赖或者信任这两个单一的构件展开的，因此迫切地需要多样化、差异化的测量来深入理解嵌入关系的内涵。

其次，交易成本理论指出，企业间资产的专有性、行为的不确定性及信息的不对称性带来了企业间交易成本和机会主义行为的存在。完善的契约控制能够有效地促进企业间的相互合作，减少机会主义行为。进一步地，契约作为企业间交易的正式控制机制，对企业间关系嵌入机制具有互补作用，能够显著地改善企业间关系嵌入不对等所引起的企业间关系混乱、功能失调，改善企业间关系。以往的研究指出，契约作为企业间交易的一种正式法律控制机制，通过明确交易企业的角色、承担的责任和义务，以及违背契约条款的惩罚性措施，有效地规范了企业间交易行为，促进了企业间的相互合作（Williamson，1985）。然而，由于事前的信息不对称和企业间交易过程中面临的不确定性，企业间契约完备性通常存在很大的差异。完备化的契约条款不仅需要包括全面的契约条款来界定交易双方的责任和义务，更重要的是，完备化的契约需要包含足够的权变适应性。这是因为，没有任何一个契约可以全面、详尽地包括所有交易过程中的细节，同时，不完美信息和不确定性的存在意味着契约都存在不同程度的不完备性（Brown，Potoski & Vanslyke，2007）。所以，完备化契约的权变适应性能够通过契约条款中的权变性条款，为超预期的事件提供解释，并给出指导性的处理方针（Luo，2002）。因此，基于交易成本理论，本书研究了契约完备性对于供应商和分销商间关系嵌入不对等和供应商企业绩效间关系的调节作用。

最后，制度理论指出，企业间交易治理结构的有效性受到许多相关制度因素的制约。这是因为制度因素为市场机制的有效性提供了必要的支持，比如制度因素为市场中企业间交易提供了正式的或者非正式的游戏规则，而且制度因素能够带来较低的交易成本、信息交换成本以及较低的不确定性（Meyer，Estrin & Bhaulik，2009；Bevan，Estrin & Meyer，2004；North，1990）。制度因素包括一个国家或地区的法律制度以及法律制度的执行、产权保护、信息系统和管理体制，同时也包含一些社会规范、企业间形成的规则和规范（Meyer，Estrin & Bhaulik，2009；Zhou & Poppo，2010）。因此，制度因素会对企业间的交往行为产生重要的影响作用，尤其是国家的法律体系，可以为企业间交往提供一个有效的保护知识产权和避免市场风险的工具（North，1990；Peng，2003）。然而，作为一个新兴的发展中国家，中国在经济高速发展的同时，法律制度的建设相对落后，法律体制依然不够完善（Luo，2005）。法律体系的完备性不仅包括一个国家或地区法律框架的完整性，还涉及这些法律制度被强制实施的程度（Grief，1997；Luo，2005）。完备化的法律体系会对企业间的合作过程和合作绩效产生重要的影响，比如，法律体系对企业知识产权或者所有者利益的保护力度，会影响到企业间的交易成本、信息收集以及经营活动的监控等方面（Luo，2005）。因此，本书同时探讨了外部法律体系不完备性对供应商和分销商间关系嵌入不对等与供应商企业绩效关系的调节作用。

综上所述，基于嵌入理论的视角，本书在界定供应商和分销商之间关系嵌入内涵的基础上，探讨了供应商和分销商之间关系嵌入不对等对供应商企业绩效的影响作用；进一步地，基于交易成本理论和制度理论，本书讨论了契约完备性和法律体系不完备性对上述关系的调节作用。在此基础上提出了相应的概念模型和假设，并通过来自中国家电行业的225对供应商和分销商的配对样本对所提出的假设进行了验证。本书的主要贡献在于：第一，探索了渠道关系中关系嵌入不对等的具体内涵和表现；第二，揭示了渠道成员间关系嵌入不对等对供应商企业绩效的影响作用和机理；第三，检验了契约完备性对供应商和分销商之间关系嵌入不对等与供应商企业绩效关系的调节作用；第四，检验了外部法律体系不完备性对渠道成员之间关系嵌入不对等与企业绩效关系的调节作用，拓展了制度理论在企业间交易关系中的应用。

　　本书的研究目的在于进一步地丰富和发展现有的企业间关系管理文献。首先，本书从理论上明确地解释了企业间关系嵌入的积极作用和消极作用，探讨了企业间关系嵌入的具体内涵和表现形式。其次，本书讨论了供应商和分销商间关系嵌入不对等对供应商关系绩效的作用机理和作用效果。本书为供应商和分销商间关系的建立和发展提供了理论和实践指导。最后，本书的调节变量从关系内部情景和外部情景两个方面为企业管理者管理和应对关系嵌入不对等提供了必要的手段，具有较强的实践指导意义。

1.2　研究思路和方法

1.2.1　研究思路

　　基于上述研究目的，笔者提出如下的研究思路：

　　首先，回顾和梳理了现有文献中有关企业间关系嵌入因素，包括信任、承诺和公平，企业绩效、契约完备性和法律体系不完备性等核心构件的相关研究成果。期望通过对现有理论和文献研究的回顾，厘清相关理论的发展脉络，借鉴前人的研究方法和思路，寻找可供研究的切入点并为未来研究夯实理论基础。其次，通过对企业间关系嵌入因素相关研究的梳理，本书发现已有研究主要关注了信任、依赖等企业间关系嵌入因素；同时，作为企业间紧密关系的综合反映，关系嵌入本身是一个涵盖内容很广的概念，关系嵌入具有多种不同的形成因素和反映构件。然而这一复杂的概念在之前的文献中并没有被充分地进行定义和测量。再次，通过对企业间嵌入关系与企业绩效关系相关研究的梳理，本书发现，在当前的研究中，存在着两种不同的关于关系嵌入与企业绩效的观点：积极的观点和消极的观点。持有积极观点的学者指出：基于嵌入理论的观点，企业间的关系嵌入能够为企业带来很多竞争优势，比如资源的获取、价值信息的共享等，因而也会提高企业的绩效；同时，企业间的交易关系能够发挥社会控制的作用，因而能够有效地促进企业的合作，带来更多的协同效应并最终提高企业的绩效；相反地，一些持有消极观点的学者则认为：企业间嵌入关系同样也会带来很多负面作用，比如维持关系需要投入很高的成本、限制企业新关系的建立以及由于过度嵌入而成为机会主义的对象等。最后，以往对企业间关系嵌入与企业绩效关系的讨论并没有关注外部和内部情景因素可能引起的关系变化，因而对这一关系进行全面研究，需要同时关注和考虑企业间嵌入关系所面临的情景因素，才能得出更加准确的结论。

综上所述，对于企业间关系嵌入对企业绩效的影响作用这一问题，学者们也各抒己见、众说纷纭，并没有明确一致的结论。因而，提出一个更加明确的框架来检验这一关系是非常有必要的。基于社会嵌入理论、交易成本理论和制度理论，本书从供应商和分销商关系的视角，分析了渠道成员间关系嵌入不对等对供应商企业绩效的影响作用，同时考虑了供应商和分销商交易关系中契约完备性和法律体系不完备性对上述关系的调节作用。

在对文献进一步梳理的基础上，按照社会学中现场访谈的具体要求和步骤，笔者于 2007 年 4 月 ~ 8 月，在北京、西安、青岛、郑州、广州和深圳等地一共展开了 10 次访谈，分别有 6 家制造商的渠道管理者和 4 家分销商的经理人员接受了访谈，每次访谈时间为 30 ~ 45 分钟。访谈主要针对制造商—分销商关系进行，依照笔者根据文献梳理和现实问题提炼后提出的可供选择研究的问题，要求访谈对象阐述在该交易关系中对于嵌入关系，比如信任、承诺和公平感知的实际情况和自身理解，同时询问了访谈对象对企业间契约的建立和使用及外部法律体系等因素的实际感受。依照访谈结果，笔者再次对本书的研究问题进行了针对性的调整和修改，对一些问题进行了细化后，形成了本书最终的研究框架。因此，基于社会嵌入理论、交易成本理论和制度理论等理论，本书构建了反映供应商和分销商之间关系嵌入不对等、契约完备性和法律体系不完备性等要素间关系的综合概念模型，并提出了相应的理论假设。

为了验证上述概念模型和理论假设，本书选择了大样本调研的方式，首先在已有的理论和相关研究的基础上设计了本书的调查问卷，同时对企业管理者进行了多次访谈，并依据访谈和预调研的结果对调查文件进行了更加细致的修改，来确保调查问卷设计的质量和调查的有效性，而后以中国家电行业为调研对象，2008 年 3 月～2009 年 10 月先后在北京、广州、深圳、西安、郑州、青岛等地展开了大规模的问卷调研。通过问卷的发放和回收，笔者总共获得了 225 对供应商—分销商双边有效问卷。基于问卷调研获得的数据，依照实证分析的具体步骤和要求，首先，对相关变量进行了信度效度分析；其次，采取了回归分析的方式检验了本书的主效应和分样本调节效应，实证分析的结果大体上支持了本书的概念模型和研究假设；最后，本书讨论了实证分析结果的理论以及实践意义，并归纳了本研究的创新点及不足，在此基础上提出了未来的研究方向。

1.2.2　研究方法

在研究方法上，本书采用了理论与实证研究相结合、定性与定量分析相结合的管理学研究方法。

首先，将实际管理实践中存在的现象和问题作为本研究的切入点，在查阅大量国内外相关的研究文献的基础上，对以往的研究成果进行了筛选、整理和总结，寻找和归纳出以往研究中存在的不足和亟待解决的

问题，提炼形成论文的研究框架和模型。在企业访谈结论的基础上，对初步框架中不合理或者不相关的问题进行了剔除，并最终提出了本研究的具体假设。

其次，在实证研究过程中，严格按照问卷调研的相关程序，根据现存研究中被认可的量表来设计问卷，以确保问卷指标具有良好的信度和效度；同时在问卷发放之前开展企业访谈与预调研工作，以保证问卷内容合乎企业实际情况；在问卷发放过程中，采用了多轮发放回收的方式，以提高问卷回收率；在问卷回收之后，进行了样本无偏性和代表性检验、关键信息员资格审查以及普通方法误差检验，以确保回收问卷的有效性；在检验概念模型和假设之前，对涉及的指标进行了信度效度分析，以保证后续分析的可靠性。

最后，本研究通过回归分析和不同方程中同一自变量系数比较的方法，对概念模型和假设进行了检验。在检验过程中，按照调节回归分析的要求，逐一进行分析，以确保分析结果的正确性。

1.3　研究内容与框架

本研究的主要内容包括：（1）基于嵌入理论对供应商和分销商之间的关系嵌入因素进行了界定和整合，并在此基础上研究了供应商和分销商间关系嵌入不对等与供应商企业绩效的关系；（2）基于交易成本理论，检验了供应商和分销商之间契约完备性对供应商和分销商间关系嵌入不对等与供应商关系绩效的调节作用；（3）基于制度理论，分析了法律体系不完备性对供应商和分销商间关系嵌入不对等与供应商关系绩效的调节作用。

针对主要研究内容，本书将依照以下结构进行逐步论述：

本书共分为7章，第1章为绪论。主要介绍了本研究的实践背景和理论背景以及当前研究中存在的不足，详细阐明和归纳出本书的研究问题，说明本书的研究出发点和现实重要性，提出研究思路和框架。

第 2 章为文献综述，重点阐述国内外有关的理论基础，整理了有关关系嵌入因素包括信任、承诺、公平，契约完备性、法律体系不完备性等变量的相关理论，包括企业间关系嵌入的内涵、关系过度嵌入的界定和测量，以及契约完备性和法律体系不完备性对企业间关系的影响作用。在此基础上，通过对现有研究不足之处的分析，提出了本书的研究思路和框架。

第 3 章为概念模型和假设。首先根据第 2 章提出的研究思路和框架，对不同的企业展开访谈，考察在企业间的交易关系中，企业间关系嵌入的相互水平，即信任、承诺和公平感知的差异性等情况，用以检验第 2 章中所提出的研究思路和框架是否符合企业实践，并细化了研究框架。接下来，根据相关理论和研究目的，界定了本书对关系嵌入的内涵以及关系嵌入不对等的测量，逐步提出了本书的具体概念模型和相关假设。

第 4 章为研究方法。本章从数据收集之前的问卷设计及样本框的选取、问卷收集过程以及数据基本特征等方面，详细阐述了用于实证分析的数据特征，并进一步对本书变量的测量指标以及依据进行了说明，最后简要介绍了用于验证概念模型和假设所采用的统计学方法。

第 5 章为实证检验结果。本章对本书使用的数据进行了描述性统计分析，对使用的变量进行了信度和效度等方面的检验。随后，运用最优尺度回归分析和分样本回归分析等方法，检验变量间的线性及非线性关系，并针对前述假设进行结果解释。

第 6 章为讨论与启示。本章对本书的实证检验结果进行了详细的讨论和分析，着重阐述了研究结论所体现的理论意义、管理实践含义和政策建议。

第 7 章为结论与展望。本章归纳了本书的主要结论和创新点，并阐述了本研究存在的不足之处及未来的研究方向。

本书整体研究框架和内容如图 1 – 1 所示。

结构安排	本书主要内容

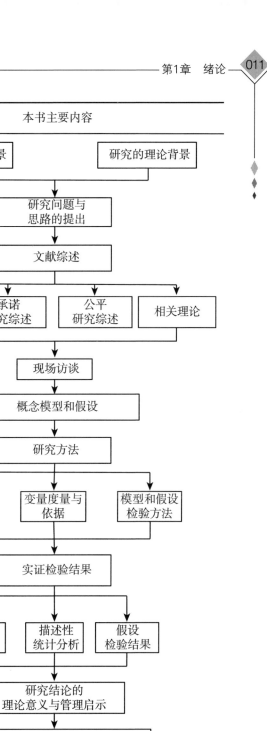

图1-1 本研究的内容与结构

第 2 章

文献综述

2.1 信任研究的相关文献综述

长期以来，在营销领域内信任被认为是营销理论发展的核心（Cho，2006）。特别是在渠道关系的相关研究文献中，信任都被看作是预测和管理渠道成员间关系和结果的重要因素。

尽管理论界对信任的讨论具有很长的历史，关于信任的学术研究却开始于近代。自亚当·斯密（1997）提出信任的概念以来，人们就开始持续地关注信任对于人类经济行为的影响，但对信任问题进行专门的、系统的研究较少。直到 19 世纪末 20 世纪初，社会学家齐美尔（Simmel，1950；1978）的研究才开启了理论界对信任研究的大门，也是从那时候开始，经济学领域的研究者才开始承认和接受信任的概念，并尝试将信任的相关研究从社会学领域逐渐扩展到经济学领域。随着研究的深入和扩展，信任被广泛应用到管理学、营销学、哲学及政治学等学科领域，学者们开始对信任进行了大量深入的研究。

2.1.1 信任的定义

尽管当前理论界已经一致认为信任应该是一个多维度和多层次的概

念，但是学术界对于信任还存在多样化的定义（Johnston et al.，2004；Campbell，1992）。到目前为止，理论界不同的学者对信任的理解存在很多差异，对于信任的定义尚未形成一个一致的概念，"信任的定义已经成了一个混乱的大杂烩"（Rousseau，1998），如表 2－1 所示。

表 2－1　　　　　　　学术界对信任定义及其核心概念

学者	定义	核心词
施伦克尔、赫尔姆和泰代斯基（Schlenker, Helm & Tedeschi, 1973）	在不确定状况下和风险情境下，对他人可靠性的信息、对交易结果可预期性的程度	不确定性、信赖
安德森和纳努斯（Anderson & Nanus, 1990）	相信伙伴会选择对自己有利的行为，或者至少不会做出对自己不利的行为或意外行动的信念	信赖、可靠性
布恩和霍姆斯（Boon & Holmes, 1991）	在承担风险的情形下为尊重他方而对其动机的积极预期	风险、信赖、预期
道奇森（Dodgson, 1993）	信任是一种思维状态，即交易一方对另一方将付诸意料之中的、相互可接受的行为的预期	可靠性、预期
萨贝尔（Sabel, 1993）	相互信任就是合作各方确信没有一方会利用另一方的弱点去获取利益	信赖、脆弱性
加内桑（Ganesan, 1994）	信任是对一个交易伙伴依赖的意愿及对这一交易伙伴怀有的信心	依赖、信心
摩根和亨特（Morgan & Hunt, 1994）	信任是成员一方对另一方所持有的诚实和善意的信念	诚实、善意
霍斯默（Hosmer, 1995）	当存在脆弱性和依赖的条件下，人们必须做决策时，人们对另一个团体行为的乐观期望	脆弱性、依赖、预期
英克彭和库尔勒（Inkpen & Currall, 1998）	存在风险状况下对联盟伙伴（即个人、集团或企业）的信赖	风险、信赖

续表

学者	定义	核心词
巴塔查里等（Bhattachary et al., 1998）	对积极结果的期望，该积极结果是基于另一方在以不确定性为特征的交往过程中的行为	预期、不确定性
鲁索（Rousseau, 1998）	接受脆弱性意图的心理状态，是基于对另一个人或组织行为意图积极的期望	脆弱性、预期
卡默勒（Camerer, 1998）	信任是感知到特定他人、团体或组织体系的特质、技能是可信任的结果	可信、特质
科尔钦斯基（Korczynski, 2000）	信任是行动者双方在交易中对对方不会利用自己弱点的信心	信心、脆弱性
戴尔和楚（Dyer & Chu, 2000）	信任是指交易一方相信另一方不会利用其弱点进行攻击	可靠性、公平和善意
库特、福雷斯特和塔姆 (Coote, Forrest & Tam, 2003)	信任是指一方对另一方的诚实性、可靠性和正直性的信心	诚实、可靠和正直
威廉斯（Williams, 2007）	信任是指在存在机会主义风险的情境下，一方愿意依赖另一方的行为	善良、正直、能力

资料来源：蔺丰奇，企业交易关系中供应商不同类型的信任与专用性投资对关系风险影响的差异性研究 [D]. 西安：西安交通大学，2008.

在对信任研究的相关文献中，信任大都被视为包含多因素的概念。林和范德文（Ring & Van de Ven, 1992）把以往研究中对信任的定义归纳总结为两方面的内涵：一方面是指对自己预期的信心或者预见性；另一方面是指自己对其他人的善意的信心。进一步地，怀特纳等（Whitener et al., 1998）认为信任的内涵包括三个方面的含义：第一，信任反映了委托人希望被委托人会做出善意的行为；第二，信任包含了行为脆弱性和承担风险的意愿；第三，信任意味着一定程度的依赖，从而使得一方的成果受到另一方行为的影响。因此，米什拉（Mishra, 1996）指出，一旦交易伙伴被认为是可靠的、关心对方利益的、坦率的和有能力的，那么对于合作伙伴的信任就应运而生了。通过对信任多种多样的定义的梳理，本书发现信任受到来自社会学、经济学和心理学等多方面因素的影响，研究者大多从其中的一个方面或者视角来探讨信任这一命题。

1. 基于社会心理学视角的信任

心理学中对信任的定义主要分为两种，一种是以多伊奇（Deutsch）为代表的，他将信任看作一种非理性的选择行为，即信任对方是企业或者自己作出的一种非理性的、冒险的一种选择。另一种则是以罗特（Rotter，1967）为代表，他把信任看作个体的人格特性，认为信任是个体的一种期望、假设或信念。一言以概之，信任从个体心理的视角关注了在特定的交易背景下，个体可能存在的内心特征或者内心特质，是由个体所存在的情境刺激而产生的个体心理和行为。

在社会心理学领域的研究中，人们把信任并不仅仅看成是一种期待，更是在特定的变数或不确定情况下的期待及强制力（Lewicki & Bunker，1994）。变数作为信任概念中的关键词，主要是企业交易过程中面临的一系列不稳定的或者不确定的交易风险（Deutsch，1958；Hosmer，1995；Kahneman et al.，1986；Lewis & Weigert，1985）。因此，在心理学领域，对信任内涵的理解通常表现为三个方面：第一，信任是对于交易伙伴未来行为的一种判断，而这种判断的对错只能通过交易伙伴最后的变现行为来验证，因此信任本身就是有风险的；第二，只有在面临风险或者双方高度依赖彼此的情形下，信任才有可能出现；第三，信任本身就反映了承担风险的意愿，不会利用对方的弱点去获取利益，甚至会把自身的劣势展现给对手。

2. 基于社会学视角的信任

社会学者对信任这一重要的社会问题的关注由来已久。社会学者们主要基于人性这一立足点和交易关系这一切入点，对信任在社会交往中的影响和意义进行了探讨，重点研究了在特定的社会背景下，人与人之间建立的社会关系、社会规章制度以及社会规范对社会人行为决策可能存在的影响作用。因此，社会学视角的信任更多强调了社会认知因素对行为的决定作用。

卢曼（Luhmann，1979）开启了社会学领域的信任研究之路。卢曼认为"信任"是一种简化了的社会机制。因而，社会学者对信任的理解是区别于心理学者对信任的理解的。心理学者主要把信任视为彼此是相互独立的个体间的关系，而社会学者认为信任本身与信任产生的社会环境是息息相关、无法割裂的。因此，信任的研究是社会学中重要而又不可或缺的重要因素（Barber，1983；Lewis & Weigert，1985；Luhmann，1979）。

卢曼指出，"信任"和"不信任"是互补的，两者都具有减少社会复杂性的作用。"信任"通过从需要考虑的行为中排除一些不合需要的行为，以此来简化社会交往的复杂性和不确定性；"不信任"则是通过尽量排除那些肯定会发生的，或者存在不确定性的行为选择，从而减少自身承担的风险。由此，从广义上来说，信任是对交易伙伴的一种期望，即相信交易伙伴会一如既往地坚持已经被别人认可的人格，履行自己的诺言，并且能够克制自己的自私自利的欲望和冲动。

巴伯是继卢曼之后又一位系统研究信任问题的社会学者。他吸收了卢曼和海默等的研究成果，指出信任的内涵是多层次的概念。巴伯（Barber，1983）指出了信任的三个层面的内涵：第一，是对使有序的和道德的交易秩序成为现实的一种坚持；第二，坚信当前交易关系中的合作伙伴有用充足的能力来实现其角色的功能和目标；第三，坚信当前交易关系中的合作伙伴是能够履行并胜任其需要履行的义务和责任。巴伯（1983）通过社会关系的视角来考察信任，并进一步提出了相信作为最基础层次的信任，是一种最纯粹的信任，无须经过理性的思考，更不需要承担风险；"系统信任"作为信任的第二层次，则是通过长期对于自身所处的社会制度和规范体系的感受而作出的评价；而针对具体交易伙伴或者交易关系的信任是一种"具体信任"，不仅包含了相信合作伙伴是有能力的，而且也包含了相信合作伙伴会自愿去实现自己的责任和诺言，因此，既包含了能力的信任，又包含了意图的信任。

朱克（Zucker，1986）则认为信任本身就是一种预期。他的最大成果在于提出了信任建立的三种途径，包括基于交易过程的信任（process-based）、基于交易对象个体特点的信任（characteristic-based）和基于社会法律制度或规范的信任（institutionally-based）。

3. 基于经济学视角的信任

经济学者对信任的研究目的在于发现信任的作用。他们把信任从现实中分离出来，区分为多个抽象的符号和工具，包括了对信任功能的规制、对信任机制的构建和维持。经济学者立足于人的自利特性，认为信任更多的是一种算计性的行为和选择，通常是人们理性选择的结果。经济学中的委托代理理论、交易成本理论和契约理论的学者大都关注这样的研究，代表人有阿克塞尔罗德（Axelrod，1984）、科尔曼（Coleman，1990）和威廉森（Williamson，1985；1991；1993）等。

经济学者倾向于认为信任是算计的，也就是说对特定个人或者组织的信任是在计算和评估之后，认为对自己是有利的时候才会作出的行为（Williamson，1993），又或者把信任视为一种制度现象（North，1990），认为信任作为一种制度内或制度间存在的现象，反映了交易个体对制度的一种期望（Lewicki & Bunker，1994）。威廉森（1985）将信任归结为理性算计和预期的结果。在交易成本经济学中，信任通常是被当作机会主义的对立面来进行探讨的。

科尔曼（1990）认为，信任本身作为社会资本的一种，对于理性行动者而言，想要在风险条件下最大化个人收益，就不得不在做出信任或者拒绝信任这两个策略中进行选择。进一步地，基于委托—代理理论，科尔曼建立了在交往中人们建立信任或者不信任的决策模型。即：

如果 $\dfrac{P}{1-P} > \dfrac{L}{G}$，人们会选择做出信任；

如果 $\dfrac{P}{1-P} < \dfrac{L}{G}$，人们会选择拒绝信任；

如果 $\dfrac{P}{1-P} = \dfrac{L}{G}$，人们可能会做出信任也可能拒绝信任；

P 代表成功的可能程度；L 代表损失的可能程度；G 表示获利的可能程度。

从模型中可见，当 PG－（1－P）L＞0 时，信任带来的收益要大于可能的损失，基于计算的理性行为企业选择做出信任。这种观点与社会心理学、社会学对信任的理解存在根本的不同，社会心理学家认为信任建立的前提是损失大于收益，因而是一种非理性的选择；社会学家从社会和文化的角度对信任进行整体的考虑。同时，科尔曼还提出了三种信任系统：（1）相互信任（两名行动者处于两种关系中）；（2）第三个行动者充当信任关系的媒介；（3）第三方信任，即甲不接受乙的承诺，而接受第三方的承诺。

4. 基于社会交换视角的信任

社会交换理论认为，人类进行社会交换的目的和动机在于通过交换来获取奖励或者报酬，因此，所有的社会活动都可以看成是一种交换，同样地，通过交换过程而形成和建立的社会关系本身也可以看成是一种交换关系（Emerson，1976；Griffith et al.，2006）。因此，社会交换区别于经济交换的显著特征表现在三个方面：第一，社会交换过程中，人们参照的交换等价物已经不再是货币，而是交易双方共同认可和遵守的价值观和制度体系。经济交换以货币作为交易基础，强调平等交换；而社会交换则摆脱了货币的约束，更多的是参考在交换过程中进行公平交换所带来的内心感受。因此，这些感受会受到人们历史交往中建立起来的价值体系和公共标准的影响。第二，人们通过社会交换可以实现自我价值和受到他人的尊重，获取情感、利益和心理的极大满足。第三，人们在社会交换中，不会去计较一次或者当前交易带来的利益或者损失，而更加看重今后可能的收益或者回报，因此，社会交换需要长期的情感投入和建立过程。

由于在社会交换中，人们不会要求短期的、投机的利益或者收入，而是注重建立一个长期的、互利的交易关系，期待能够通过交易关系来获取未来的长期回报和收益，因此，在社会交易中，出于建立长期交易关系的愿望，人们会因愿意建立信任而进行投入。

与社会交换理论相联系的是嵌入的研究视角。这种观点认为，在社会体系中，完全经济意义上的理性人几乎是不可能存在的，因为理性和冲突作为两种同时存在的现象，不能割裂。因此，这就要求在考虑理性人行为的同时关注社会关系因素的作用。所谓的嵌入主要包括两个方面的因素：一是关注交易关系在社会关系中的嵌入性，也就是微观嵌入；二是社会关系在整个社会结构中的嵌入性，也就是宏观结构嵌入。

5. 小结

通过对各个学科中关于信任定义的对比分析，经济学家认为信任是一种在预期收益高于潜在损失情形下做出的理性选择行为；而社会学家和社会心理学家则更多地把信任看成是一种在明知存在风险和不确定性情境下的一种非理性选择行为，一旦交易对手的行为没有按照预期进行选择，就会承担损失的风险。

基于以上分析发现，在对企业间信任的研究中，既包含了非理性的承担风险意愿的考虑，也包含了基于理性对于合作方履行预期的能力的考量；各学科的研究都认为信任本身是有风险的，这是因为信任建立在交易双方相互依赖的基础上，不可能也无法对交易对手进行控制。本书采纳萨贝尔（Sabel, 1993）和鲁索等（Rousseau et al., 1998）的定义：在供应商和分销商交易关系中，信任是在面临风险和不确定性的情况下，一方相信另一方有足够的实力并且自愿去履行承诺，而不会利用对手的劣势来牟利。

2.1.2 信任产生的影响前因研究

对于组织间或个人成员间信任建立和维持的研究，主要包括影响前因研究和影响路径研究。影响前因研究是在特定的情境下，讨论并实证检验信任的具体影响因素。如麦克奈特、卡明斯和切尔瓦尼（McKnight, Cummings & Chervany, 1998）研究了没有交往经历的人或组织间的信任是如何建立的；怀特纳等（1998）研究了在已有联系的个人之间如何建立信任。

对于信任产生的前因，从最初斯特里克兰（Strickland，1958）提出的"宽容"开始，到利伯曼（Lieberman，1981）提出的"能力和诚实"，再到巴特勒（Butler，1991）提出的影响信任产生因素的 11 个方面，信任的影响前因研究经历了一个不断探索和深化的发展过程。在此之后，理论界对于信任产生的影响前因研究进入了一个快速发展的阶段，研究成果也逐渐变得更加多样化，尤其以迈尔等的研究成果为代表。在对 1953~1995 年所有讨论信任的研究进行归纳和分析的基础上，迈尔等（Mayer et al.，1995）提出能力、善意和正直等因素是解释"信任"的重要影响因素。

通过对文献的梳理，本书归纳总结了以往研究中对信任前因讨论的代表性研究，如表 2-2 所示。通过对表中各研究的因素进行分析发现，这些因素大致可归结为两个方面：一方面是被信任方的能力、善意性、诚实性等因素；另一方面是交易关系的特征，包括过去的交往经验、共同的目标和价值观等特征。

表 2-2　　　　组织间信任的重要影响前因研究

学者	影响信任知觉的因素
霍夫兰、贾尼斯和凯利（Hovland, Janis & Kelley, 1953）	专业知识、可信赖的动机
多伊奇（Deutsch, 1960）	能力、意愿
博伊尔和博纳契（Boyle & Bonacich, 1970）	过去的交往、基于囚徒困境的谨慎程度
基和诺克斯（Kee & Knox, 1970）	专业能力和动机
琼斯、詹姆斯和布鲁尼（Jones, James & Bruni, 1975）	能力、与个人需求和渴望的相关行为
加瓦罗（Gabarro, 1978）	率直、专业能力、人际关系、企业感觉、判断力

续表

学者	影响信任知觉的因素
库克和沃尔（Cook & Wall, 1980）	可信赖的特质、能力
哈特等（Hart et al., 1986）	率直一致、共同利益、自治反馈
古德（Good, 1988）	能力、意图动机、被信任者的表现
巴特勒（Butler, 1991）	利用价值、一致性、公平、正直、忠诚、率直、承诺、感受能力
林和范德文（Ring & Van de Ven, 1992）	道德上的正直、声誉
史蒂金和罗特（Sitkin & Roth, 1993）	能力、共同价值观
加内桑（Ganesan, 1994）	可靠性、仁慈心
迈尔、戴维斯和肖尔曼（Mayer, Davi & Schoorman, 1995）	专业能力、个人属性、正直、判断力、动机意图
米什拉（Mishra, 1996）	可靠、关心、坦率、能力
鲁索等（Rousseau et al., 1998）	风险、依赖等关系交易情景因素
萨科和黑尔帕（Sako & Helper, 1998）	交易双方关系专项投资的水平
所罗门和弗洛里斯（Solomon & Flores, 2001）	可靠性、完成业绩的历史、完成业绩的能力和对关系的承诺
凡根和赫克萨姆（Vangen & Huxham, 2003）	对将来合作结果期望的能力、承担风险的意愿
威廉斯（Williams, 2007）	对于交易过程中由于机会主义、对正直性的破坏和对合作伙伴利益的忽视所带来威胁的管理
麦克杜菲勒（Macduffile, 2011）	个人的认知、承担的角色、组织的规则以及领导行为等是形成信任的基础因素

资料来源：Mayer, Davis & Schoorman. An integrative model of organizational trust [J]. Academy of Management Review, 1995, 20 (3).

迈尔等（1995）认为能力、善意和正直是解释合作伙伴或者交易对象"值得被信任"的主要决定要素。（1）能力指个人或组织在某特定领域所掌握的专业化知识和技能，也称为专家知识。一旦受信方拥有了这些专家知识，他就容易获得合作伙伴的信任，但是这种信任仅仅是在受信方擅长的领域，而不会溢出到其他不擅长的领域。（2）善意是指受信方能够克制自利的欲望，始终将共同利益放在第一位，无论作出任何决策，都不会以牺牲合作方的利益为前提。这里的善意是指信任者与被信任者之间特殊的情感或忠诚。（3）正直指信任者相信被信任者的行为依循一套信任者可接受的原则或者规范的程度。因此，如果双方对此原则的看法不一致，就不可能为了共同的目标而努力。

目前在关于信任研究的文献中，存在着两个比较经典的定义。一个是卓克（1986）的定义，认为信任是人们对一个人期望的把握或可预言性的程度；另一个是基于弗里德曼（Fridman，1991）对信任的定义，指出信任是人们对一个人善意程度的把握。随后的研究者大多建立在这两个常见定义的基础上，对信任的定义和内涵进行了进一步的丰富和细化。比如，摩根和亨特（1994）指出，商业伙伴彼此之间的信任就是企业依赖交易伙伴的愿望，企业对于伙伴是有信心的；另外一些研究中把信任描述为对其他各方诚实和善行的期望（Ganesan，1994；Dahlstrom & Nygaard，1995；Kumar，Scheer & Steenkamp，1995）。

2.1.3　组织间信任的影响结果

组织间信任作为营销关系中的重要构件，学术界已经对其进行了持续的关注和研究。在塞皮亚宁等（Seppanen et al.，2007）研究成果的基础上，我们对国内外学者关于组织间信任维度的研究状况及其实证研究的对象进行了整理和总结，相关研究如表 2-3 所示。从表中可以看出，组织间信任是组织间关系中重要的研究对象，有 16 篇重要的代表性研究成果，而研究者选择的研究对象和行业分布比较多样。

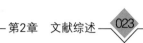

表 2 - 3   国外学者组织间信任实证研究概况总结

作者	调查对象	行业	国家地区
坎南（Canesan, 1994）	零售业供销双方	零售业	美国
阿拉赫等（Aulakh et al., 1996）	组织间关系	财富 500 强企业中的部分	与亚洲、欧洲和中南美洲有贸易往来的美国企业
乔和霍尔登（Chow & Holden, 1997）	买主与卖主关系	电路板行业	美国马萨诸塞州
多尼和坎农（Doney & Cannon, 1997）	买主与卖主关系	工业/制造业	美国
诺特博姆等（Nooteboom et al., 1997）	厂商与供应商关系	电子元件装配行业	荷兰
萨科和黑尔帕（Sako & Helper, 1998）	厂商与供应商关系	汽车行业	美国和日本
查希尔等（Zaheer et al., 1998）	厂商与供应商关系	电子装备生产商与其供应商	美国
扬—伊巴拉和威瑟玛（Young-Ybarra & Wiersema, 1999）	战略联盟	信息产业	伙伴成员中至少一个以美国为基地
戴尔和楚（Dyer & Chu, 2000）	制造商与供应商	汽车制造业	美国、日本和韩国
加森海默和马诺利斯（Gassenheimer & Manolis, 2001）	买主与卖主	不同行业（如耐用消费品和工业原料）	美国东南部和西部
穆勒林（Mollering, 2002）	买主与卖主	印刷行业	英国
库特、福雷斯特和塔姆（Coote, Forrest & Tam, 2003）	工业营销关系	文中未提及	中国

续表

作者	调查对象	行业	国家地区
克里希南、马丁和诺德海文（Krishnan, Martin & Noorderhaven, 2006）	战略联盟	机器设备制造、化学及相关产品、电子设备、运输设备制造	印度
拉多、丹特和特克拉布（Lado, Dant & Tekleab, 2008）	500强企业和当地的分销代理	零售行业	世界各地
法姆等（Faems et al., 2008）	探索性研发联盟	工程机械行业	多个国家或地区
卡茨基亚斯、斯卡梅斯和贝略（Katsikeas, Skarmeas & Bello, 2009）	采购商和销售商	进出口贸易行业	欧盟、北美和远东地区

关于信任对渠道关系中其他因素的影响研究，目前涉及的因素主要包括三个方面：（1）行为要素，诸如关系行为（灵活性、信息交换）、关系治理（共同计划、共同问题解决、共同责任）、对变革的支持、信息共享、功能性冲突、沟通、合作等。（2）情感要素，主要是承诺和规范等。（3）关系结果要素，包括交易风险、交易成本、绩效、长期导向等。本书将对这些研究作具体的评述。

1. 对渠道成员行为的影响作用

早期的研究主要关注了渠道关系中信任对合作、沟通以及功能性冲突等因素的影响。

合作是信任和承诺的结果变量（Morgan & Hunt, 1994）。安德森和纳鲁斯（1990）将合作定义为企业在相互依赖的关系中为了取得共同的收益所采取的相似或者互补的协调行为，提出当信任建立了，企业发现协调和共同努力带来的收益会超过其单独行动所获得的收益，从而促进了双方的合作。摩根和亨特（1994）在研究中指出，已有理论和实证证据都表明信任会导致合作；普鲁伊特（Pruitt, 1981）提出，如果信任存在，一方会采取高风险的、协作的行为，因此信任会导致交易双方间更好的合作。

功能性冲突被定义为对用于解决争端的努力所产生结果的评估，如果企业将不一致性作为减少潜在有害张力的手段，冲突就能产生功能性和有效的结果（Anderson & Narus，1990）。已有研究一致认为，信任会导致功能性冲突的产生。例如，德怀尔、舒尔和欧（Dwyer, Schurr & Oh，1987）指出信任会促进功能性冲突的产生；安德森和纳鲁斯（1990）在研究中指出，具有较高信任程度的企业更可能友善地面对不一致，能将一定程度的冲突作为生意的另一部分；摩根和亨特（1994）的研究也表明，沟通和过去的合作行为会导致对冲突是功能性的感知，进而提出信任会导致交易伙伴感知到未来的冲突是功能性的；钟、斯特恩奎斯特和陈（Chung, Sternquist & Chen，2006）在对日本分销商与供应商关系的研究中也发现，信任会正向影响功能性冲突。

安德森和韦茨（Anderson & Weitz，1989）认为相互信任的渠道伙伴会进行更多的沟通，因为在社会关系中，人们倾向于同那些能为他们带来愉悦感觉的人进行沟通；同样地，销售人员喜欢去拜访那些拥有良好关系的客户，而不愿意去拜访令他们感觉不太愉快的客户，由此就导致了相互信任的伙伴间会进行更多的沟通。

另外，一些研究也开始关注信任对关系行为、关系治理、信息共享以及对变革的支持等的影响。关系行为的概念主要来源于麦克尼尔（Macneil，1980）提出的关系交易规范框架。关系规范应用于渠道关系中的最显著的意义在于：它促进了利益的长期互惠，规定了行为方式。关于社会交易的文献中对关系给出了非常大的概念域，然而对渠道领域中关系规范行为反应的研究通常关注的是可操作的三种关系行为：灵活性、信息交换和关系团结。伊尔马兹、塞曾和奥兹德米尔（Yilmaz, Sezen & Ozdemir，2005）分析了在信任情况下，分销商对供应商存在这三种关系行为的变化：（1）灵活性，即当遇到特殊的供应商要求时，愿意应对并且作出调整；（2）信息交换，也就是双方对重要信息及时且准确的交换；（3）关系团结，即明确地维持关系的导向（Heide & John，1992）。灵活性和信息交换能够促进对经常有非预期的变化的、以高度不确定性为特征的渠道环境的有效协调，而团结是整个渠道成功的重要部分（Lusch & Brown，1996）。信任是关系行为的基础，伊尔马兹、塞曾和奥兹德米尔（2005）通过来自土耳其汽车分销商的数据，研究了分销商对供应商的信任与分销商关系行为之间的关系，并进一步探讨了不同依赖水平对上述作用的调节影响。他们的研究结果显示，在分销商感知的不对等的分销商和供应商关系中，其自身相对于供应商具有较少依赖的情况下，对供应商的信任对分销商关系行为的正向影响最强；对于相对较多依赖的分销商，信任则具有一定程度的正向影响；在平衡的相互依赖的分销商和供应商关系中，在低的相互依赖条件下，信任对分销商关系行为有中度的正向影响，在高的相互依赖条件下，这一关系则变得不显著。

关系治理反映了在企业关系中建立的联合行动的程度（Bensaou & Venkatraman，1995；Heide & Miner，1992），这已经越来越引起学者和管理者的关注。已有关于信任与关系治理的研究都认为信任能够促进关系治理行为。克拉洛、哈格拉尔和奥姆塔（Claro，Hagelaar & Omta，2003）认为，信任可以有效地替代防止机会主义行为所需要的昂贵的控制机制，因为供应者拥有这样一种期望：购买者的言行都是可靠的，在高水平组织间的信任水平条件下，企业更少倾向于依赖明确的保护来制定契约条款的详细水平、监督和执行契约条款。基于 174 家荷兰盆栽供应商的数据，该论文实证分析了组织间信任对联合计划和联合问题解决这两种关系治理的影响。结果表明：个人间的信任对联合计划的影响不显著，但是与联合问题解决正相关，而高水平组织间的信任与共同计划和共同解决问题两种关系治理的使用均正相关。而约翰斯顿、麦卡琴和斯图尔特（Johnston，McCutcheon & Stuart，2004）探讨了供应商—购买商关系中供应商对购买商的信任如何影响共同责任、共同计划和灵活性，其中共同责任就是双方共同解决问题，结果发现，供应商对购买商的仁爱心信任与可靠性信任均会正向影响共同责任、共同计划以及灵活性。

另外，有一些研究探讨了信任对信息共享支持的影响，认为分销商如果能信任购买者不会采取机会主义行为，就会更愿意共享机密信息

（Dyer & Chu，2003；Sako，1991；Nishiguchi，1994；Uzzi，1997），并且高度的信任也促进了双方表达意见机制的形成（Helper，1991），由此认为购买者可信性和分销商信息共享之间存在正相关关系。

2. 对渠道成员情感的影响作用

有关信任对渠道成员情感作用的探讨主要集中于信任对承诺的影响，大多数研究都认为以信任为特征的关系具有非常高的价值以至于交易方会愿意在关系中作出承诺。事实上，因为承诺包含着脆弱性，交易方也只会寻找可信的伙伴。社会交易理论通过互惠的原则揭示了这一因果关系，提出不信任会产生不信任，由此降低了关系中承诺的作用，将交易转变为短期交易。例如，阿克罗尔（Achrol，1991）提出信任是关系承诺的主要决定因素；莫尔曼、扎尔曼和德什潘德（Moorman，Zalman & Deshpande，1992）的研究发现营销研究使用者对他们的研究提供者的信任显著影响他们对于研究关系的承诺；摩根和亨特（1994）提出了经典的信任—承诺理论，认为信任和承诺是成功的交易关系的重要决定因素，这是因为信任和承诺能够产生良好的合作行为从而促进了交易关系绩效，信任和承诺也是链接关系交易成本、关系收益、沟通、机会主义行为和共享价值观等前因和关系绩效的关键中介变量。因此，在实际交易中，企业应该致力于通过提高关系收益、建立高质量的沟通和共享价值观等积极活动，建立和维持高水平的信任和承诺合作关系，同时监测机会主义行为和关系交易成本等消极活动对于信任和承诺的破坏，并最终实现交易关系的成功。另外，卢施、奥布莱恩和辛达夫（Lusch，O'Brien & Sindhav，2003）在供应商组织变革的特殊情境中探讨了信任对承诺的作用，结果显示零售商对供应商组织变革后的信任与对供应商组织变革后的承诺正相关。吉利兰和贝略（Gilliland & Bello，2002）研究了制造商—分销商关系中信任对态度性承诺的影响，认为对分销商的信任来源于双方共享各种经验、理解对方的目标并且能够预测对方行为，而在高度信任的条件下，分销商是可以被依靠的，这能够促进公平的配置，从而增加制造商维持关系的意愿，促进制造商的忠诚性承诺。

3. 对关系结果的影响作用

信任的关系常常具有很大的价值，因此，以往的很多研究都分析了信任对渠道关系结果的影响，涉及交易成本、绩效、风险、关系持续、长期导向以及决策不确定性等不同的结果变量。

交易成本经济学中所涉及的与企业间交换有关的成本可以被分解为事先交易成本或者寻找和签订契约的成本，以及事后契约成本或者监督和执行成本（Williamson，1985；Hennart，1993；North，1990）。寻找和签订契约的成本包括确定一个合适的交易伙伴然后协商和签订相互可接受的协议所发生的成本。监督和执行的成本是指与监督协议和采取必要行为来保证各方完成事先确定的义务有关的成本。戴尔和楚（2003）通过美国、日本和韩国的344个交易关系样本研究了供应商对购买者的信任和交易成本的影响，认为信任降低交易成本，且对变换的市场环境产生更大的灵活性。在高度信任的条件下，一方面，交易者在事前签订契约上花费更少的时间，因为他们对公平地分配利益有信心，因而不需要对所有未来的或有费用制定计划；另一方面，信任导致交易参与方期望与其交易伙伴在未来是互惠的（Dore，1983），能够获得连续的权益而不会要求短期的权益，因而减少了交易方在事前讨价还价的巨大投资。其研究结果表明，供应商对购买商信任度越高，交易伙伴引起的事前交易成本越低，交易伙伴间发生的事后交易成本就越低。查希尔等（Zaheer et al.，1998）在对电子设备行业购买关系的研究中指出，信任减少了预防机会主义行为的倾向，因而组织间信任与协商成本负相关。

除了对信任与交易成本间关系的研究，有些研究直接探讨了信任对交易绩效的作用。例如，戴尔和楚（2003）认为由于信任能够减少交易参与方的交易成本，因而购买者所具有的很高的可信性能够降低购买者总的成本，威廉森（1991）指出，有效节省交易成本的企业能获得更好的绩效，信任能够增加交易参与方的利润；购买商可信性越高，购买商的交易成本越低，其利润绩效就越高。克里希南、马丁和诺德海文（Krishnan，Martin & Noorderhaven，2006）探讨了信任与联盟绩效间的关系，认为信任促进了相互理解，从而减少了伙伴间冲突的成本以及其他交易成本，而这些成本与联盟绩效负相关，由此提出信任促进联盟绩效；并在此基础上进一步探讨了不确定性对信任与绩效关系的调节作用，通过对国际联盟企业间关系的实证研究指出信任和绩效之间的正相关关系在高的行为不确定情况下更强，而在高的环境不确定性下更弱。

风险也是企业关注的一个重要结果变量，已有研究探讨了信任对与风险的影响作用。例如，达斯和滕（Das & Teng, 2001）指出友好信任会降低对机会主义行为发生的感知，因而可能会降低其感知的关系风险；在有关企业对其合作企业的能力信任对风险的影响方面，企业对合作企业的能力信任会降低其感知的绩效风险，但不会降低其感知的关系风险，这是因为能力信任给企业一种信心，即合作者有能力完成任务，因而感知到的绩效风险相对就低；另外，能力信任仅仅关注了良好运作的能力，而不是良好运作的意愿，而一个很有能力的企业能决定在联盟中产生机会主义行为，这会威胁未来的或者正在进行的关系，因此，能力信任并不能降低合作风险。刘等（Liu et al., 2007）主要探讨了供应商和分销商之间友好信任和能力信任对关系风险的影响作用，并进一步探讨了个人关系对信任与关系风险间作用的调节影响。研究结果表明：分销商的友好信任与其感知的关系风险负相关，而能力信任与其感知的关系风险正相关，个人关系减弱了能力信任与其感知的关系风险间的正相关关系，但对于友好信任与其感知的关系风险间的负相关关系没有显著影响。

另外一些学者研究了信任其他交易结果变量的关系，诸如长期导向、关系持续和决策不确定性的影响。例如，加内桑（1994）认为交易方对其交易伙伴的信任降低了其交易伙伴机会主义行为的风险，降低了交易关系中的交易成本，从而提高了其交易伙伴的长期导向，因此对卖方可信性的信任与零售商长期导向正相关。而安德森和韦茨（1989）则指出信任是相信另一方也会采取协作行为，对长期关系的发展有着重要的作用，因为短期的不公平在任何一个关系中都是不可避免的。但通过信任，关系参与方产生了信心，认为随着时间的推移，短期的不公平一定会通过产生长期收益得到弥补，由此促进了关系的持续。摩根和亨特（1994）

提出，信任的交易方相信其交易伙伴是可以依靠的，因此能够降低交易方的决策不确定性。

2.1.4 小结

通过对关于信任的文献的分析，可以发现：

（1）信任是企业间交易关系中十分重要的决定因素，历来是渠道关系研究中关注的焦点，到目前为止，对于信任的研究已经成为渠道关系研究的主要方向。

（2）信任是一个多维度、多层次的概念，在不同的研究领域存在着不同的内涵，在不同的研究情况下信任的内涵也有差异。因此，在研究信任问题时，需要依据研究的情景和层面对信任的内涵作出准确的界定。

（3）对信任的定义和测量存在着多种理解，社会学、心理学、经济学和营销学都有自己的定义，都有各自学科的特点。心理学把个体作为关注的对象，认为信任是个体的预期、意图或者行为；而社会学则关注人与人之间或组织与组织之间的信任，因此，信任反映了人们的预期和态度；经济学则强调信任是一种理性的算计，是对成本和收益进行权衡之后作出的行为选择。然而，不同的学科对信任的定义也存在各种不足，比如经济学忽略了个体的特点和差异，而心理学研究则缺少了对情境因素的考虑（Barney & Hansen，1994）；社会学对信任的研究起步较晚，而研究成果也比较分散，有待于整合。尽管经济学者考虑信任的重要作用，但是没有考虑到信任的复杂性。正如迈尔、戴维斯和肖尔曼（1995）指出的，由于信任定义的困难、理解的错误，加上对信任缺乏清楚的认识和分析，导致信任定义本身存在很大的不足，而这些也是导致现有研究结论存在差异的主要因素。

因此，尽管以往有关信任的研究观点和结论存在不一致甚至是冲突，但有关信任的研究仍为后续研究奠定了坚实的基础，为我们提供了有益的理论借鉴和实践指导。

2.2 承诺研究的文献综述

2.2.1 承诺的定义

承诺的概念起源于社会交换理论，随后在组织学中得到了大量的研究，并最终建立了相对成熟的定义。在组织间关系方面，对承诺的研究大都始于组织学中的研究。因此，本书在梳理组织间承诺的概念时，首先介绍组织学中承诺概念的发展，然后对组织间关系中承诺概念的发展进行综述。其次对组织间关系中承诺的形成以及承诺在组织间关系管理中的意义进行分析。最后对组织间关系中关于承诺的研究进行评述，并提出本书研究中对承诺概念的界定。

1. 组织学中承诺概念的发展

组织学大量研究了组织间承诺，也称为组织承诺。组织学中对组织承诺的研究成果以贝克尔（Becker，1960）和波特等（Porter et al.，1974）为代表。贝克尔（1960）从组织成员的行为角度出发，把组织承诺定义为组织成员由于对组织投入的不断增加而愿意长期保留在当前组织中的一种誓言；波特等（1974）从情感的视角把组织承诺定义为组织成员对组织的认同并继续留在当前组织的愿望。从他们的定义可以看出，组织承诺具有三个方面的特点：（1）组织成员对组织愿景和组织规范的接受和认可；（2）组织成员愿意为实现组织目标做出努力和牺牲；（3）组织成员对于继续留在当前组织的渴望。因此，随后对于组织承诺的研究认为，组织承诺不仅仅是对组织的一种态度，更是作出的一种行为。行为承诺是指个体把自身联系到组织的过程，集中于对个体行为的研究。态度承诺代表了个体对组织的忠诚，强调个体对组织的认同与卷入。由于组织承诺更多的是一种心理状态，这与态度承诺相一致，所以后来的研究大都集中于态度承诺。在前人研究的基础上，一些学者把态度承诺概括为情感上的承诺、持续组织关系的承诺以及对当前组织保持忠诚的承诺（Meyer & Allen，1991；Iverson & Buttigieg，1999）。

"情感性承诺"是组织成员内心情感上对组织的认同，是个体对组织的一种依恋和肯定。这种肯定包括对价值观的认同、身份荣耀感及为了实现组织目标而不惜牺牲自我利益的决心等。"持续性承诺"是指组织成员为了避免由脱离组织而失去当前利益而作出留在组织中的一种选择。因而，持续性承诺是以经济利益为导向的，是一种交易算计的承诺。"规范性承诺"是指组织成员被组织的价值观同化后，出于责任感和使命感而作出的承诺。这是组织成员在长期接受组织价值体系的宣传和熏陶，加上忠诚于组织而获得的奖励和奖赏而形成的一种内心的归顺态度；也是因从组织中获得好处进而产生的一种回馈或者回报组织的倾向。因此，情感性承诺反映了组织成员出于自身的需要和渴望，愿意继续留存在组织中（want to do so）；持续性承诺则是由于组织成员意识到留存在当前组织中可能获得的收益而选择留存在组织中（need to do so）；而规范性承诺则反映组织成员出于内心的高度使命感和责任感而觉得自己有义务留存在组织中（ought to do so）。

这三个承诺分别反映了承诺的三种不同动机，是非常具有代表性的理论内涵，因此，受到承诺研究学者们的广泛关注。学者们认为情感性承诺和持续性承诺是两个具有不同内涵、相互区别和相互独立的概念，这两种概念的推广和接受也受到了很大的争议和挑战。科恩（Cohen，2007）对组织承诺的概念进行了进一步的拓展，以时间和承诺基础两个维度作为分类变量把承诺区分为工具性承诺、情感性承诺、工具性承诺倾向及规范性承诺倾向四种类型。时间维度区分了员工进入组织前和进入组织后的承诺状态，进入组织前的状态为承诺倾向，进入组织后的状态为组织承诺；承诺的基础则关注了承诺的形成到底是基于工具性的考虑，还是基于心理依恋的考虑。这样就形成了组织承诺的四要素模型，如表2－4所示。其中"规范承诺的倾向"是指由于个人所具有的道德责任感而在自身参与的所有社会交往中显示出来的忠诚与负责。规范性承诺倾向是对组织的一般性道德上的责任，反映了个人承诺于组织的可能性。"工具性承诺倾向"反映了个人基于对从特定组织获取利益、补偿和报酬的预期而承诺于该组织的一般性倾向。"工具性承诺"是指由个人感知的其对组织的贡献和收到的回报之间的交易比例所决定的依恋程度；"情感承诺"则是指个人对组织的心理依恋达到了很高的程度，个人认同并卷入组织，具有很强的组织归属感。

表 2 – 4　基于时间和承诺基础两维度划分的组织承诺四要素模型

		承诺的基础	
		工具性依恋	心理依恋
时间维度	进入组织前	工具性承诺倾向（instrumental commitment propensity）	规范性承诺倾向（normative commitment propensity）
	进入组织后	工具性承诺（instrumental commitment）	情感承诺（affective commitment）

资料来源：史会斌. 联盟中程序公平和分配公平的效应研究：基于中国医院联盟的实证分析 ［D］. 西安：西安交通大学，2008.

组织承诺的相关研究不仅促进了承诺概念的不断发展，同时也揭示了组织承诺的形成因素和组织承诺对员工行为的影响作用。笔者整理发现，以往研究中关注的影响组织承诺的变量包括三个层面的因素：（1）组织层面因素，包括组织对个体的支持，组织的公平程度、组织的可靠性及组织的团队精神等；（2）岗位层面的因素，如岗位的挑战性、职责的明确度和目标达成的难易度等；（3）个人统计因素，员工年龄、性别、教育程度、工作经历和背景等。

2. 渠道关系中承诺概念的发展

渠道关系指的是组织之间的合作关系，渠道关系中的承诺也就是组织对于特定的合作关系而做出的承诺，因此，也称为关系承诺（relationship commitment）。与组织学的研究类似，营销领域的学者也指出了作为关系承诺行为的一种，渠道成员间的专用资产对于渠道关系具有促进作用。因此，德怀尔等（1987）提出承诺是一种关系行为，是渠道成员为维持当前关系作出的显性或者隐性的誓言或许诺。随后，态度性承诺逐渐成为关系承诺关注的主要方面，以安德森和韦茨（1989）、摩根和亨特（1994）的研究成果为主。安德森和韦茨（1989）把关系承诺定义为维持和发展稳定的合作关系而甘愿做出短期利益牺牲的一种内心渴望，因此稳定和牺牲是承诺的两个主要方面。摩根和亨特（1994）把关系承诺定义为，合作关系对于渠道成员的重要性使得他们以最大的努力来维持这一合作关系的愿望或者意愿。尽管这一时期关系承诺的内涵大多只包含了行为性承诺或者态度性承诺等单一维度，但是这些定义对以后的研究也产生了深远的影响，后来很多研究都是基于上面这两种研究成果，采用了单一维度对关系承诺进行测量（Emden et al.，2005；Goodman & Dion，2001；Jap & Ganesan，2000；Kim，2001）。

随后，渠道关系研究的学者开始吸收组织学中关系承诺的研究成果，将渠道关系中的承诺扩展到多个维度。比如，冈拉克、阿赫罗尔和门策（Gundlach，Achrol & Mentzer，1995）指出承诺包括了工具、时间和态度三个维度，是为了维持当前交易关系的一种强烈意愿。库马尔、希尔和斯延坎普（Kumar，Scheer & Steenkamp，1995）研究了渠道成员间承诺所反映的情感联系、关系维持意愿以及继续投入的意愿等。布朗、卢施和尼克尔森（Brown，Lusch & Nicholson，1995）认为承诺的建立包含命令服从、信号识别和情感内化等过程，包含工具性承诺和规范性承诺两个维度。卡伦、约翰逊和坂野（Cullen，Johnson & Sakano，1995）指出，关系承诺反映了承诺者愿意建立共同的价值观、认同合作双方的共同目标以及对合作关系作出投资的愿望。盖斯肯斯等（Geyskens et al.，1996）则认为关系承诺包含了算计性承诺和情感承诺两个方面。基姆和弗雷译（Kim & Frazier，1997）在对关系承诺的概念进行了系统性的汇总分析后指出，承诺概念的多样性不仅会使得人们对承诺的概念产生混淆，而且也不利于未来研究的发展。于是将关系承诺定义为组织希望与合作伙伴建立、维持一种长期交易关系的而作出的口头或者行动上的保证，包含了持续承诺、行为承诺和情感承诺等方面。穆达比和黑尔珀（Mudambi & Helper，1998）则依据承诺的内涵和存在方式，指出任何交易关系中的承诺都可以区分为正式承诺与非正式承诺。吉利兰和贝略（Gilliland & Bello，2002）指出虽然关系承诺出现了各种概念，但是态度性承诺的研究重点应该关注其作为一种心理依恋的属性，进而把态度性承诺区分为算计性承诺和忠诚性承诺，其中算计性承诺与组织学研究中的持续承诺相对应，而忠诚性承诺与组织学研究中的情感承诺和规范承诺相对应。古斯塔夫森、约翰逊和鲁斯（Gustafsson，Johnson & Roos，2005）指出承诺是一种维持关系的渴望及合作关系持续的誓言，以及牺牲或者潜在牺牲短期利益来维持关系的意愿，这些来源创造了一种"黏性"，即使在满意度较低的情况下，也能让合作伙伴对企业保持忠诚。关系承诺包含了情感性承诺和算计性承诺。算计性承诺是冰冷的或者理性的；情感性承诺则是热情的或者感性的。

表2-5中总结了渠道关系中主要的承诺概念。通过对比发现，承诺的概念具有以下3个特点：（1）承诺对于关系持续性具有决定作用，学者们对态度承诺进行了大量研究，而对行为承诺关注较少；（2）将态度性承诺区分为以工具性和情感性为目的的两种关系承诺形式；（3）对渠道关系承诺的测量指标既有单维度的测量，也有多维度的测量，但是使用单一维度对关系承诺进行测量是研究的主流。

表2-5 　　　　　　　　　　　　**承诺的概念及其测量**

作者（年份）	承诺的定义
德怀尔、舒尔和欧（1987）	承诺是指交易伙伴间一种明确或不明确的关系持续的保证
安德森和韦茨（1992）	承诺指对发展稳定合作关系的渴望、通过短期利益牺牲来维持关系的愿望，以及对关系稳定性的信心
摩根和亨特（1994）	承诺指交易伙伴认为合作关系非常重要，以至于保证以最大的努力来维持这一合作关系的愿望
冈拉克、阿赫罗尔和门策（1995）	承诺是指为发展和维持一个稳定的长期关系的持久意图，包含了输入或工具性维度、态度维度和时间维度

续表

作者（年份）	承诺的定义
库马尔、希尔和斯廷坎普（1995）	承诺包括情感的维度、持续的维度和对关系进行投资意愿的维度。情感维度指因为对伙伴的正向情感而持续关系的渴望；持续维度指组织对其自己和合作伙伴保留在合作关系中意图的感知；投资意愿维度指愿意做比留在关系中更多的事情
布朗（1995）	承诺包含工具性承诺与规范承诺两个维度。工具性承诺是指组织因为希望获得合作伙伴的良好反映而承认合作伙伴的影响；规范承诺包含两个维度：识别和内化
卡伦、约翰逊和坂野（1995）	承诺反映了关键决策者关于关系持续的行为与价值观，接受合作关系的共同目标与价值观，愿意对关系进行投资。承诺可以分为行为和态度两个部分。行为承诺主要是依据成本效益的分析；态度承诺指接受合作关系的目标与价值，愿意为了合作关系而进行努力
莫尔和斯派克曼（Mohr & Spekman，1996）	承诺是指联盟交易伙伴作出代表关系利益的努力的愿望
盖斯肯斯等（1996）	承诺是指组织持续关系的意图，分为情感承诺和算计性承诺。情感承诺是组织由于归属感和正向的情感而继续维持合作关系的愿望；算计性承诺是指组织因显著地预期到终止和转换成本而认为需要维持关系的程度
基姆和弗雷泽（1997）	承诺指的是公司致力于与另外一个公司维持紧密和持久关系的程度。承诺由三个维度构成，分别包括持续性承诺、行为承诺和情感承诺
穆丹比和黑尔珀（1998）	任何交易关系都包括正式承诺和非正式承诺。正式承诺是通过法律系统来实施的，非正式承诺则主要是通过更加微妙的手段来实施的
吉利兰和贝略（2002）	算计性承诺指组织意识到如果关系终止会带来利益的损失因而与伙伴紧密联系的状态。是一种理性行为，是意识到关系终止后可能遭受的利益损失或者其他方面的牺牲、转向其他伙伴的困难、专用性投资的沉没成本。忠诚性承诺指因忠诚而与伙伴企业紧密联系的状态，是基于情感、义务与责任，包含情感和规范承诺

续表

作者（年份）	承诺的定义
古斯塔夫森、约翰逊和鲁斯（2005）	承诺是一种维持关系的渴望、维持合作关系的誓言，以及牺牲或潜在牺牲短期利益来维持关系的意愿。关系承诺包含了情感性承诺和算计性承诺。算计性承诺是冰冷的或者理性的；情感性承诺则是热情的或者感性的

资料来源：笔者依据相关文献归纳总结所得。

2.2.2　渠道关系中承诺的前因性研究

1. 组织间关系因素对关系承诺的作用

基于渠道间关系对承诺的影响，现有研究主要关注合作伙伴之间的互动对承诺的影响，主要关注渠道成员间的相互信任、依赖结构、沟通方式以及关系长度等的影响作用（Morgan & Hunt，1994；Goodman & Dion，2001）。

在关于关系承诺的研究中，很多学者都把信任作为一个重要的因素进行研究。摩根和亨特（1994）关注了信任对关系承诺的直接作用，研究指出信任为供应商和分销商的合作关系提供了基础，供应商和分销商之间的信任为长期合作提供了动机。因此，信任促进了渠道关系中情感承诺的形成，降低了算计性承诺的形成。安达利布（Andaleeb，1996）讨论了供应商和分销商间的依赖对关系承诺的影响作用，他指出当经销商更加依赖供应商时，分销商就会增加对于当前关系的承诺。莫尔和斯派壳曼（Mohr & Spekaman，1994）指出渠道成员间的沟通能够有效地促进合作关系的建立，他们进一步指出渠道成员间沟通的三个主要方面，即共同设定目标和营销计划、良好的信息共享以及沟通的质量都能够促进渠道成员的承诺。

关于关系长度与渠道成员间关系承诺的影响作用学术界没有形成一致性的结论。古德曼和戴恩（2001），斯坦科、邦纳和卡兰通（Stanko，Bonner & Calantone，2007）等研究指出，合作关系的持续时间对于渠道成员的关系承诺具有正向作用；刘益和曹英（2006）则指出，供应商和分销商之间的关系长度增加了供应商的算计性承诺和忠诚性承诺。

2. 依赖和权利结构对于关系承诺的影响

关于渠道成员间依赖结构的研究指出，渠道成员间的绝对依赖和依赖结构的程度会影响企业间的承诺水平。绝对依赖是指合作伙伴对企业来讲是不可替代的对象。企业对合作伙伴的绝对依赖程度越高，就越说明合作伙伴对于企业的重要性，由于合作伙伴的不可替代性，企业必须作出承诺来保持与合作伙伴的交易关系，因此绝对依赖会促进企业对交易关系的承诺，但是承诺的前提基于利益的算计，而并非出于企业的真实情感（Kumar et al., 1995）。依赖结构不仅包括交易伙伴共同依赖的总和，也包括交易伙伴间相对依赖的差异。交易双方依赖水平的总和反映了当前交易关系中的相互依赖程度，而交易双方依赖水平的差异则反映了交易关系中依赖的不平衡性。较高的相互依赖水平说明交易双方都非常依赖彼此，交易关系对合作双方来讲都具有很高的价值，一旦交易关系被破坏，交易双方都将受到损失，因此，交易双方都会克制机会主义行为，愿意采取行为来保持合作，维持当前交易关系。因而，相互依赖水平与渠道关系承诺正相关（Geyskens et al., 1996）。相反地，在不平衡的交易关系中，依赖的不对等使得相对依赖较少一方具有更多权力，而依赖较多的一方具有较少的权力。较少依赖且无作出承诺的一方，就可以利用自己的权力要求较多依赖的一方服从自己的要求，而较多依赖的一方出于对方机会主义的考量，也不愿意对交易关系作出承诺，因此，交易关系中的承诺水平就降低了。因此，依赖的不平衡与交易关系中的承诺水平负相关。

3. 企业间交易专项资产对关系承诺的影响

交易专项资产是指企业针对特定的交易关系作出的专项投资或者投入，这些资产一旦投入，就不可收回或者转移。由于交易专项资产是针对特定的交易关系的，一旦离开了交易关系，专项资产就变得没有价值了（Skarmees et al.，2002）。交易专项资产是一种专用型资产，具有很高的不可替代性和不可转移性。因此，交易专项资产的存在增加了投资方退出交易关系的成本、降低了投资方转换关系的能力（Williamson，1979）。

关于承诺研究的大量文献中，都关注了交易专项资产对改善和促进组织关系承诺的积极作用（Kim & Frazier，1997；Gilliland et al.，2002；Skameas et al.，2002）。交易专项资产能够增加组织间关系承诺的原因有两个方面：第一，关系专项资产能够提高投资对当前交易关系的关系承诺。一是因为交易专项投资投入的目的是为了获得更加有效、稳定的长期回报，因此，投入交易专项资产的一方会采取积极的合作和沟通来提高当前交易关系的效率，从而使自己获得高额的回报；二是由于交易专项资产本身具有不可转移性和不可替代性，一旦交易关系终止，交易专项资产就会变成沉没成本，因此，交易专项资产提高了退出的障碍（Gilliland et al.，2002）。第二，关系专项资产也提高了合作伙伴对当前交易关系的关系承诺，这是因为关系专项资产作为维持交易关系的一个信号，增强了合作伙伴对于投资方长期合作的信心，使得合作伙伴对当前交易关系的满意度和期望不断增加，从而作出关系承诺。

因此，关系专项资产提高了交易双方的目标一致性和利益协同性，提高了投资方机会主义行为的成本，同时也增加了接受投资方的信心和满意度，从而增加了交易关系中的关系承诺。

2.2.3 渠道关系中承诺的结果变量研究

1. 对交易关系发展和合作过程的影响

以往对渠道关系中承诺的研究指出，渠道关系中承诺是关系发展的初级阶段和必经阶段，只有当交易关系经历了承诺阶段，才可能向更高和更深的层次发展。因此，企业间的承诺是交易关系发展和维持的重要因素和基础要素。

进一步地，渠道关系研究的文章指出，渠道关系中的承诺对企业间的交易过程具有明显的影响。德怀尔等（Dwyer et al.，1987）指出承诺反映了合作伙伴对合作关系的满意程度，较高的满意程度可以提高关系的稳定性，降低关系的波动性；摩根和亨特（1994）指出，承诺对交易关系的成功具有决定性作用，承诺促进了交易伙伴对交易关系的信心，提高了长期导向，减少了短时或者投机行为，从而有效地保证了交易双方的一致性行为。同样地，安德森和韦茨（1992）指出渠道成员对关系的承诺能使企业愿意放弃短期收益而追求长期的回报；冈拉克、阿赫罗尔和门策（Gundlach, Achrol & Mentzer，1995）发现，企业间关系承诺为双方的一致性行为提供了基础，加深了交易双方的共同决策参与，因而提高了持续性交易的可能。

2. 对企业绩效的影响作用

企业间的关系承诺也可以提高企业从当前交易关系中的收益，包括企业的短期绩效、长期绩效、竞争优势及关系稳定性等。穆丹比和黑尔珀（1998）研究发现，具有较高关系承诺的企业竞争优势也更加明显。这是因为，企业间关系承诺在交易双方间建立了一种共同价值导向，使得交易双方愿意进行异质性资源的共享，从而提高合作关系的收益，最终自身受益。同样地，莫尔和斯派克曼（1994）的研究认为企业间关系承诺提高了合作关系成功的可能性。韦策尔斯等（1998）研究发现承诺可以促进企业维持当前交易关系的意愿。相似地，摩根和亨特（1994）的研究认为关系承诺会影响组织离开关系的意向。企业对组织间关系的承诺越多，企业越愿意留在当前的交易关系中，而不愿意转换交易伙伴。

2.2.4　小结

通过对以往文献的梳理，我们发现，在渠道关系中对承诺的研究比较丰富，相应的研究结论也比较一致，即（1）承诺对于维持和发展长期的交易关系具有非常重要的决定作用；（2）承诺关系是企业间建立紧密的、牢固的合作关系的情感纽带，只有在交易伙伴间建立了承诺关系，交易关系才可能更加深入、健康地发展；（3）承诺对于企业绩效具有显著的正面影响，可以提高企业的长期竞争能力和企业绩效。

然而，以往的研究大多关注了承诺关系对企业交易行为的影响，只有较少的文献讨论了企业间双边关系中承诺的相对差异可能产生的影响和作用。因此，今后的研究仍需要进一步关注企业间相对承诺水平对企业间交易行为和企业绩效的影响。

2.3　公平研究的文献综述

2.3.1　公平的定义和内涵

公平理论源于社会学和心理学中的研究，后来在组织学中得到广泛发展。从组织学的角度来讲，公平感知关注的是组织资源和分配的决策过程和结果。例如，人们的工作与报酬之间、权利与义务之间彼此被认为是相互适应的，公正合理，这就被认为是公平的（Cropanzano & Greenberg，1997）。因此，组织学中的公平是指依照一定的标准，人们对某一事物或行为进行的价值判断和评价。公平其实更多的是指人们的一种主观的判断和感受，因此将之称为"感知的公平"或者"公平的感知"反而更加贴切。

自从亚当斯（Admas，1965）提出公平理论，学术界就不断地对公平理论的内涵进行了拓展和细化：公平理论关注的焦点由最初的主要关注经济利益的视角拓展到了关注社会交往的视角；公平理论的内涵也由最初的分配公平这一单一维度逐步丰富为包含了分配公平、程序公平、交往公平和信息公平4个维度，下面就具体地对每个维度进行解释。

1. 分配公平

最初亚当斯提出公平理论的定义时，他更多地关注了分配公平的方面，也就是交易关系中，交易结果分配的公平感知水平。以往组织学中对公平的研究大多集中于分配公平。亚当斯研究了分配公平尤其是工资报酬分配的合理性和公平性对员工工作积极性和工作态度的影响，并进一步指出员工工作绩效的水平与其所获得的对结果公平的感知具有相关性。员工会将其投入产出比率与参考目标相对比，当其发觉与参考目标相当，则为公平，个人会感觉满意，并继续采取更多的良性行为；相反地，当其发觉远远不及参考目标时，则为不公平，个人会感觉相当不满意，并采取很多不合作的行为。朗西曼（Runciman，1966）认为特定的分配模式会鼓励人们进行相应的社会比较，当个人与他人针对回报的比较显示出不公平时，个人就会产生明显的被剥夺的感觉，并进一步引发不满情绪和不合作行为。

因此，分配公平反映了在交易过程中，企业从当前交易关系中获取的利益或者回报与其投入或者付出的比例（Kumar et al.，1995）。社会交换理论认为，人们进行社会交换或者交往的动机在于获取回报或者预期在将来会获取收益。因此，分配公平直接决定了人们进行社会交往的利益动机，只有当企业认为在当前的交易关系中，其投入能够获取充分的回报，企业才会愿意维持长期的交易关系，与合作伙伴建立牢固的、紧密的联结关系（Griffith，Harvey & Lusch，2006）。因此，分配公平会对企业间交易伙伴的态度和行为产生决定作用。

2. 程序公平

程序公平的研究与分配公平的研究的进程是相伴而生的。程序公平的概念最先由蒂博和沃克（Thibaut & Walker，1975）提出。蒂博和沃克（1975）在法律问题的背景下提出了程序公平的概念，从而引发了对程序公平的研究，也把公平研究的重心转向了双因素模型。他们指出在交易过程中，人们不仅关注结果分配的公平性，而且关注交易过程中各种决策程序和决策过程的公平性；利文撒尔、卡鲁扎和弗赖伊（Leventhal，Karuza & Fry，1980）在此基础上提出了程序公平理论，提出了分配过程中程序公平关注的 6 种公平标准。由此，公平理论的内涵从单因素扩展为双因素。公平理论的双因素模型强调了在资源分配过程中所使用的程序以及过程的公平性。他们指出分配公平强调的是结果的公平，而程序公平则强调用于达成结果的方法的公平，程序公平和分配公平是两种不同的公平概念，应当予以区分。库马尔和希尔（Kumar & Scheer，1995）把分配公平和程序公平作为渠道关系中公平的构成。国内的学者，如李垣、杨知评和王龙伟等（2009）的研究结论就支持了组织公平双因素模型是组织间公平的两个重要方面。

3. 交互公平

随着公平理论的研究发展，在 1986 年，比斯和莫阿格（Bies & Moag）首次提出了交互公平的概念。关注组织关系中上下级之间进行互动的公平理念，如相互尊重的程度等。由此，公平理论的内涵再次增加到了三个方面。

比斯和莫阿格首次提出交互公平的概念（interactional justice），即关注程序执行时人际处理方式的影响，强调不能忽视在程序执行过程中人们所受到的人际对待的影响作用。在互动公平的概念被提出后，理论界存在着两种争议性的观点，一种观点坚持认为程序公平本身就包含交互的维度，程序公平包含了对程序结构和交互因素的认识，组织公平由程序公平和分配公平两个基本维度构成，因此，交互公平不能被看作是与程序公平和分配公平相并列的第三个公平维度（Lind & Tyler，1988；Folger & Konovsky，1989；Cropanzano & Greenberg，1997）；相反地，另外一些学者却坚持认为交互公平本身应该是公平内涵中一个独立的维度，这是因为程序公平本身并不包含交互公平的因素，而应该将个体对互动因素的感知归结为交互公平（Husted & Folger，2004）。随着后者逐渐受到学界的重视和认可，交互公平与程序公平和分配公平一起构成了公平理论内涵的三个方面。自此，国外对于公平实证研究的支持将互动因素从程序公平中区分开来，认为交互公平是区别于程序公平的独立的公平维度，交互公平反映了公平理论的另一新的内涵和作用（Skarlicki & Folger，1997；Cohen-Charash & Spector，2001；Colquitt，2001；Ambrose & Schminke，2003；Luo，2007）。

4. 信息公平

随着公平理论研究的不断深入，格林伯格（Greenberg，1990）指出交互公平包括两个方面：一是指人们从决策者那里受到的人之间的相互对待；二是指对于决策过程的解释。格林伯格（1993）将交互公平进一步细分为人际公平和信息公平，并进一步指出，人际公平反映的是在程序中或决定结果时，是否礼貌对待对方、是否尊重对方和是否考虑对方的尊严等；信息公平是指是否给当事人传达了应有的信息，是否给予当事人一定的解释。自此，公平理论的内涵就再次丰富和细化为 4 个方面。

组织公平四因素论模型也受到了一些实证研究的支持（Arino & Ring，2010；Cole et al. ，2010；Colquitt，2001；Colquitt，Conlon & Wesson，2001）。科尔基特（Colquitt，2001）发现，将组织公平区分为四个维度时与数据的拟合度最好，也是最为合适的；进一步地，科尔基特、康伦和韦森（Colquitt，Conlon & Wesson，2001）通过对 25 年间实证研究文献的整理和分析，指出公平理论的四个维度在实证中是相互独立并能够相互区分的概念。

国内一些学者的研究也支持了公平理论的四因素模型。如吕晓俊（2005）通过基于 296 份调查问卷的探索性因子分析，指出了绩效评估过程中组织公平结构是由分配公平、程序公平、交互公平和信息公平四个维度构成。

2.3.2　公平的前因变量

对于公平的前因，以往的研究进行的探讨较少。通过对国内外主流期刊中公平前因研究的整理和汇总，我们发现，对公平前因的研究主要包括个体特征和组织情景两个方面。

1. 个体特征因素

个体特征因素包括人口统计特征和个性特征。人口统计特征包括年龄、种族、性别、国籍等因素。布鲁克内尔和阿德西（Brockner & Adsit，1986）指出员工的性别会调节分配公平和工作满意度之间的关系。且相对于女性而言，男性对不公平的结果有更强的情绪反应。类似地，斯威尼和麦克法林（Sweeney & McFarlin，1997）研究发现，性别差异会影响分配公平和程序公平与员工的存留意图、承诺和工作满意度之间的关系。结果表明，对于女性员工而言，程序公平对结果变量的影响更强；而对于男性员工而言，分配公平对结果变量的作用则更强。

个性特征因素是指个体人员的同情心、自尊心和消极情绪等。利文撒尔和莱恩（Leventhal & Lane，1970）研究指出，不同性别的员工对公平的理解存在差异。男性会更加关注组织方案对他们的自身利益的保护作用，而女性则会更加关心组织方案对组织和团队和谐的影响作用。因此，针对同样的方案或者结果，男、女员工的公平感知存在不同。库利克、林德和安布罗斯（Kulik，Lind & Ambrose，1996）从个体差异的角度分析了公平感知的前因要素。他们的研究指出，在自利动机的驱使下，采用同样的竞争机制来衡量结果公平时，竞争力较强的一批人可能会认为这种机制是公平的；反之，竞争力较差的一批人可能认为是不公平的。万伯格、加文和邦斯（Wanberg，Gavin & Bunce，1999）认为个体的负面情绪倾向会影响其公平感知水平，当个体的负面情绪倾向比较高，可能会更容易感觉到不公平的对待。斯卡利基、福尔杰和特苏尔克（Skarlicki，Folger & Tesulk，1999）的研究发现个体情绪会调节公平感知与报复行为之间的关系：消极情绪会加强个体的公平感知与报复行为之间的关系；而友好情绪会减弱公平感知与报复行为之间的关系。此外，最近的一些研究结论也显示，组织成员的个人自尊对组织成员的公平感知和组织承诺之间关系具有调节作用（Wiesenfeld et al.，2007），管理人员的同情心则有利于增强员工对分配公平和信息公平的感知（Patient & Skarlicki，2010）。

2. 组织情景因素

施明克、克罗潘赞和鲁普（Schminke，Cropanzan & Rupp，2002）关注了组织决策的中心性和正式性等组织因素对员工的公平感知的影响作用。研究指出，相对于职级较低的员工，组织结构因素对职级较高员工的公平感知的影响作用较小。拉马斯瓦米和赛特（Ramaswami & Sight，2003）分析了销售人员的公平感知的影响前因，其研究指出，销售人员的业绩提升计划、绩效评估的合理性、业绩和薪酬的关联性、绩效标准的持续执行以及销售人员参与决策制定的程度等方面的因素都会影响销售人员对分配公平、程序公平和交互公平的感知。陆（Luo，2005）研究了文化距离和结构不确定性对联盟成员间公平感知与联盟收益的调节作用。研究表明，当联盟成员间的文化距离较大时，联盟成员间共享的程序公平对联盟收益的正向作用更强；同样地，当联盟结构不确定性较高时，联盟成员间共享的程序公平对联盟收益的正向作用也更强。

2.3.3　公平的结果变量

本研究主要集中在组织间的层面上，将近年来国外主流期刊研究公平的重要文献进行汇总，如表 2 - 6 所示。从表中可以看出公平与组织其他关系变量之间的联系，并对主要观点进行分析和归纳。

表 2 - 6　　　　　　　　组织间公平的研究归纳

作者（年份）	研究情境	研究类型	公平维度	主要结论
德怀尔（1987）	购买商和供应商	理论研究	未明确	权力是否被公平使用对于构建关系型的交易关系十分重要，不公平地使用权力容易引起另一方不满甚至怨恨

续表

作者（年份）	研究情境	研究类型	公平维度	主要结论
安德森和韦茨（1992）	制造商和分销商	实证研究	未明确	渠道中一方所具有的公平声誉能够增加另一方对合作关系的承诺
库马尔和希尔（1995）	汽车制造商和分销商	实证研究	分配公平程序公平	分销商所感知的分配公平与程序公平对关系质量有正面影响。程序公平对关系质量的影响比分配公平的影响更强。而当分销商从合作关系中获取的利益增加时，根据工具性理论，程序公平的重要性会下降，分配公平的重要性会上升
拉玛斯瓦米和辛格（2003）	世界500强企业	实证研究	分配公平程序公平交互公平	销售人员的公平感知对组织成员的工作绩效、组织承诺和机会主义行为具有直接影响和间接影响作用
伊尔马兹（2004）	门窗制造商与零售商	实证研究	分配公平程序公平	分销商感知的分配公平与程序公平能够增加其满意度，供应商的角色绩效通过分配公平与程序公平对分销商的满意度产生影响
陆（Luo，2005）	合资企业	实证研究	程序公平	共享的程序公平比单方面感知的程序公平更有利于企业绩效的提高；文化距离和结构性不确定的增加会加强共享的程序公平对提高绩效的影响作用
格里菲思等（Griffith et al.，2006）	制造商与零售商	实证研究	分配公平程序公平	分配公平与程序公平通过增加分销商的长期导向和关系行为，增加分销商的满意度和降低关系冲突，提高分销商的绩效
布朗和科布（2006）	供应商与批发商	实证研究	分配公平程序公平	分配公平与分销商的经济满意度正相关，而程序公平对分销商经济满意度的正面影响并不显著，同时，分配公平和程序公平能够有效减少冲突

续表

作者（年份）	研究情境	研究类型	公平维度	主要结论
陆（2006）	合资企业	实证研究	交互公平	交互公平能够促进双方管理人员共同决策的有效性以及相互信任，有利于增强母公司双方的相互依恋，能够抵消文化差异带来的不利影响
爱尔兰和韦布（2007）	供应链	理论研究	分配公平程序公平	分配公平和程序公平允许合作伙伴在一定的信任之下更多地使用权力，从而提高整个供应链的竞争力
陆（2007）	合资企业	实证研究	分配公平程序公平交互公平	公平感知能够促进合资企业绩效的提高；在双方目标差异比较大时，程序公平与分配公平的交互作用与联盟绩效正相关；在交互公平比较高时，程序公平与分配公平对绩效的正向作用都会加强
陆（2008）	合资企业	实证研究	程序公平	程序公平对运营绩效有直接的正面影响，通过信任对经济绩效有间接影响，同时在联盟类型上，程序公平在资产型联盟中比在契约型联盟中对绩效的影响作用大
埃利斯等（2009）	收购兼并	实证研究	程序公平信息公平	收购和兼并分为整合阶段和后整合阶段，在整合阶段，程序公平和信息公平对价值创造有正面影响，并且交互作用是正向的，二者相互促进；在后整合阶段，程序公平对价值创造有积极的影响
陆（2009）	合资企业	实证研究	分配公平	分配公平通过对承诺—个人的依附，并与契约完备性相互补充，影响合资企业的盈利性和稳定性
阿里诺和林（2011）	国际风险企业	理论研究	分配公平程序公平个体公平信息公平	四种公平分别在国际风险企业联盟建立阶段发挥功能。公平感知会影响合作伙伴作出决策的逻辑，进而影响合作伙伴对于合作联盟潜在的收益和效率的评估，最终影响合作伙伴是否加入该联盟

续表

作者（年份）	研究情境	研究类型	公平维度	主要结论
刘等 （2012）	供应商和 分销商	实证研究	分配公平 程序公平 个体公平 信息公平	供应商和分销商间的公平感知能够增强供应商和分销商间的关系绩效，而供应商和分销商间的共同耦合行为对上述关系具有中介作用

这些研究主要对程序公平与分配公平对渠道中合作伙伴的行为和态度的影响进行了研究，发现程序公平与分配公平对渠道中组织的正面行为与态度具有促进作用，而对负面行为具有抑制作用。

1. 公平感知对于企业间交易关系建立的影响

德怀尔、舒尔和欧（1987）指出，在交易关系中权力是否被公正地使用，对于构建持续的交易关系十分重要。公正的权力使用会得到合作伙伴的理解和顺从，而不公正的权力使用容易引起另一方的不满甚至怨恨；阿里诺和林（Arino & Ring，2010）研究了四种公平在国际风险企业联盟建立阶段所发挥的角色和功能。他们的研究指出，四种公平感知会影响合作伙伴作出决策的逻辑，如专利权逻辑、控制权逻辑以及关系质量逻辑，这些决策逻辑会影响合作伙伴对于合作联盟潜在的效率和效益的评估，并最终决定是否加入该联盟。

2. 公平感知对于交易关系质量的影响

安德森和韦茨（1992）指出，在渠道关系中一方所具有的公平声誉能够增加另一方对于交易关系的承诺；伊尔马兹等（Yilmaz et al.，2004）的研究表明，分销商对供应商的分配公平和程序公平的感知，是分销商评估供应商配送绩效、运营支持、边界人员绩效以及财务和销售绩效等因素对于分销商关系满意影响作用的中介变量。格里菲斯、哈维和卢施（Griffith，Harvey & Lusch，2006）实证研究指出，分销商对供应商政策中分配公平和程序公平的感知增强了分销商发展长期导向和关系行为的意愿，进而降低了关系冲突，增加了关系满意度；布朗、科布和卢施

（Brown，Cobb & Lusch，2006）研究指出，分配公平和程序公平可以提高分销商对当前交易关系的经济满意度，同时，较高的分配公平感知能够促进程序公平对于经济满意度的正向作用；同样地，分配公平和程序公平可以有效减少关系冲突。

3. 公平感知对于企业间合作关系绩效的影响

爱尔兰和韦布（Ireland & Webb，2007）研究指出，在战略供应链情境下，企业对合作关系中分配公平和程序公平的感知会增强企业对合作伙伴能力和互惠规范的认知，进而允许合作伙伴在一定的信任之下使用更多的权力，从而提高整个供应链的文化竞争力。陆（2005）重点研究了跨文化合作联盟情境中，企业间共享的程序公平对联盟企业绩效的影响作用。其研究指出，联盟双方共同感知到的较高的程序公平更有利于联盟企业绩效的提高。陆（2007）基于工具性理论、公平理论和社会交易理论，指出了程序公平、分配公平和交互公平三种类型的公平对于战略联盟企业绩效具有直接作用和交互作用。进一步地，在战略联盟情景下，陆（2008）研究了程序公平对联盟企业运营绩效和财务绩效的影响和作用机制，研究指出程序公平对联盟企业的运营绩效和财务绩效正相关；同时，程序公平对联盟企业运营绩效具有直接的影响作用，而通过组织间和个体间信任对财务绩效具有间接影响。埃利斯、雷乌斯和拉蒙特（Ellis，Reus & Lamont，2009）研究了收购和兼并情景下，程序公平和信息公平对价值创造的作用；刘等（Liu et al.，2012）关注了供应商和分销商关系中，分配公平、程序公平、个人公平和信息公平对供应商和分销商关系绩效的影响，研究指出，四种类型的公平可以增强供应商和分销商的耦合行为，如知识共享、持续承诺和关系投资，并最终提高供应商和分销商的关系绩效。

2.3.4 小结

通过对以往研究文献的综述，我们发现，理论界对公平的研究还不成熟，这表现在以下 3 个方面：（1）学术界目前对于公平的具体内涵没有一致性的结论，尽管当前的研究已经把公平的内涵拓展到了四个维度，然而，相关的研究还比较缺乏。（2）尽管对于公平内涵的划分有利于我们更加清楚和深入地探讨公平在渠道关系中的多样化作用；然而当前的研究大多忽略了通过双边关系对比的视角，去讨论公平对于企业间绩效的具体作用。（3）分配公平相对于其他三种公平（程序公平、信息公平和交互公平）的研究更丰富，笔者认为，分配公平是公平的根基，也是企业间追求公平的基本动机。因此，有针对性地研究和讨论分配公平在企业间交易关系中的动态作用，具有更多的理论意义和实践作用。

总之，尽管以往的研究仍然存在一些不足，但是这些研究的结论和观点为我们进行下一步的分析提供了理论基础和实证指导。

2.4 相关理论回顾

2.4.1 交易成本理论

交易成本理论是用于管理交易的一个主要分析准则，其目标是使生产和交易成本最小化（Williamson，1985）。生产成本指与交易伙伴履行各项职能相关的成本，而交易成本指与建立契约、监督绩效、执行契约条款相关的成本。例如，在制造商和分销商关系中，制造商可以通过周期性的竞争投标市场规则来管理分销商（市场治理结构），也可以将分销商的职能纳入自己的经营范围（层级治理结构）。因此，无论是市场治理结构还是层级治理结构，都代表了交易成本和生产成本之间的转化。市场治理结构为制造商减少了生产成本，却带来了交易成本；而层级治理结构则为制造商减少了交易成本，却增加了生产成本。

交易成本理论提出了两个决定到底是交易成本居多还是生产成本

居多的因素，分别是资产专用性和不确定性。资产专用性是指交易一方为另一方作出的不能重新配置的投资。例如，当一个制造商为培训分销商人员作出投资时，那么该制造商的这部分投资在与该分销商结束关系后就很难重新配置。不确定性指的是未来环境条件的不可预知性。

根据交易成本理论，当用层级结构的控制机制来治理高资产专用性或者不确定交易时，交易成本最低；而用市场机制来治理低资产专用性或者不确定交易时，交易成本最低。交易成本问题的前提之一就是机会主义行为（John，1984）。制造商对分销商作出了交易专项投资，就意味着将控制权交给了该分销商，在这种权力劣势情境下，一旦分销商采取机会主义（通过欺骗追求自身利益），制造商就会受到损失（Klein，Crawford & Alchian，1978）。例如，分销商可以利用其权力优势在合同签订后要求增加其销售提成。由于结束关系会导致对该分销商投资的损失，所以制造商没有选择，只能顺从。因此，交易成本理论认为，尽管将销售业务纳入经营范围可能会增加制造商的生产成本，但是能够有效地降低交易成本，所以当专项投资较高时，层级型结构比市场化结构更加有效；相反地，如果没有专项投资，那么市场化机制（即替代风险）就足以使得分销商顺从，从而减少交易成本（Williamson，1985；1991；Heide，1994；Rindfleisch & Heide，1997）。

总体来看，交易成本理论主要将交易成本分析的前因变量（资产专用性和不确定性）与治理机制和交易结果等要素联系起来进行考虑。也就是说，当企业对交易伙伴作出专项投资，增加了其受到交易伙伴机会主义侵害的风险，所以，层级控制可能更具有经济效率。这一前提在之前的研究中已得到支持（Pilling，Crosby & Jackson，1994）。然而，交易成本理论也存在一个缺乏清晰认识的问题。威廉森（1985）指出，由于专项投资能创造未来的收益，所以投资方需要确保关系持续以获取这些收益。因此，投资方会表明其对交易伙伴的承诺，限制机会主义行为，以确保交易关系的持续。

2.4.2　关系交换理论

麦克尼尔（Macneil，1980）将交易分为非连续的"单个交易"与连续的"关系交换"。单个交易者多为独立的交易主体，追求在法律和制度允许的范围内实现个体利益的最大化；关系交换则不同于单个交易，关系交换必须依赖于交换关系所存在的历史和社会背景，因此，必须在发生的情境中去研究。所有关系交换的最终目的都是为了实现维持交换关系并使得双方能够获取长期收益。

关系交换理论认为交易双方会树立长期利益导向，认为交易双方都是利他的，并且可以有效地约束交易双方的机会主义行为，从而把交易双方的个体利益和交易关系的共同受益紧密结合在一起（Heide，1994）。因此，关系交换理论指出，交易是一个互动的过程，通过交易参与方之间的互动来增进相互间的了解，形成对各自行为的共同认识，建立彼此认可和遵守的行为规则。这种共同的认识和规则是隐含的，而不是以书面的方式体现的。这些隐含的认识、理解和行为规则构成了一种关系规范，这些规范能够有效地限定企业在交易中的一些行为，如机会主义行为等。这样对企业间关系的研究就引入了双边治理的观点。双边治理机制不同于市场型机制和层级型结构的特征在于，它是一种内生的治理机制。在以关系规范为主导的关系中，企业既不像市场型机制那样通过动机来控制行为，也不像层级型结构那样以命令来控制行为，而是通过内在化的、道德的机制来控制双方的交易行为（Larson，1992），合作企业的行为是通过相互的自我控制来进行共同协调的（Gundlach，Achrol & Mentzer，1995）。

2.4.3　社会嵌入理论

近年来，嵌入已经成为理解商业过程的关键要素。从本质上讲，嵌入是指个体与环境联结之间的深度和程度（Whittington，1992；Uzzi，

1997；Dacin，Ventresca & Beal，1999）。格兰诺维特（1985）指出，在经济交换过程中人们的行为大都嵌入在一定的社会结构和个人间关系中，这种社会结构和个人间关系就组成了企业或者组织开展社会交易的价值资源。他将"嵌入性"概念表述为：个人"嵌入"在当下具体的社会结构和社会关系中，不是独立地进行原子式的决策和行动，而是在受社会因素影响的情况下作出符合自己主观意愿的行为决策。格兰诺维特的嵌入性概念具有两方面的优点：一是把交易双方的间接关系和直接联系都归入结构嵌入的内涵中；二是把嵌入机制看成一种社会控制机制，不仅能够约束企业的经济行为，同时又考虑它对市场行为的影响作用。后续研究大都接受了格兰诺维特的观点，强调市场交易是嵌入于并可解释为一种更普遍、更复杂的社会过程（Granovetter，1985；Portes & Sensenbrenner，1993；Baber，1995；Zukin & DiMaggio，1990）。虽然嵌入性概念随着嵌入理论的发展和研究领域的变化在不断地演变，但是格兰诺维特对嵌入性概念的论述却被视为嵌入性概念的核心，并一直被沿用（Dacin，Ventresca & Beal，1999）。以往对于嵌入的研究大多关注结构嵌入或者网络嵌入对企业知识共享、企业绩效等的影响作用，对于关系嵌入的相关研究较为缺乏。本书重点讨论供应商和购买商之间的关系嵌入对于企业绩效的影响作用。

1. 关系嵌入的积极作用

关系嵌入是企业或者组织经过长期的社会交往而建立的个人关系，它反映了经济利益相关的两个企业间特定的二元关系（Hagedoorn & Frankort，2008）。戴尔和辛格（Dyer & Singh，1998）和古拉蒂（Gulati，1995）指出，关系嵌入的形成源自企业更可能与那些之前合作过的企业建立伙伴关系，而企业间的重复交易就会在彼此之间建立起非常牢固、有凝聚力的和互惠的联结关系（Hagedoorn & Frankort，2008）。经过长期的交往，这种联结就会在企业间建立起较高的信任、承诺以及互惠公平感知。这种二元嵌入关系有利于企业间的相互合作、共同协调，同时也为企业获取有价值的资源和信息提供了通道，因而，企业间的关系嵌入有效地促进了企业间关系的长期性和稳定性（Gulati，1995；Hagedoorn & Frankort，2008）。以往对于关系嵌入和结构嵌入的相关研究指出，关系嵌入和结构嵌入为企业提供了有价值的社会资本，为企业带来收益。关系嵌入和结构嵌入可以提高人们行为的效率，降低交易成本，提高企业间信息扩散的效率，增强企业间的相互合作，最终提高企业的价值创造（Nahapiet & Ghoshal，1998）。

2. 关系嵌入的负面作用

乌兹（1996）指出，企业的经济行为嵌入在一定的社会关系当中，这种关系嵌入为企业间交换提供了便利，促进企业绩效的增长。然而，在有些情况下，这种嵌入关系反而会阻碍企业间交换，妨碍了企业绩效的增长。在企业间关系嵌入为企业带来积极收益的同时，企业间的过度嵌入同样存在一些消极的影响——企业面临较少的机会和信息收益，其价值获得也会不断减少（Uzzi，1997；Chung，Singh & Lee，2000；Hagedoorn & Frankort，2008）。在关系嵌入和结构嵌入为企业带来收益的同时，也为企业带来一些负面影响。乌兹（1997）、加尔朱洛和贝纳西（Gargiulo & Benassi，2000）都曾指出，企业间过度嵌入会降低企业的关系灵活性，如企业建立、维持和发展新的交易关系的能力，从而阻碍企业的发展（Lechner et al.，2006）。当企业过度嵌入所在的关系或者网络中时，就会面临锁定的交易风险，企业需要避免因为过度嵌入或者对长期以来的交易关系的路径依赖而降低企业的竞争力（Kamp，2005）；进一步地，企业过度嵌入也会降低企业的创新性，这是因为企业过度嵌入在长期以来的关系或者网络中，一方面，由于长期与特定的合作伙伴的交往，企业很难接收到其他的异质化的信息，而这些信息是企业创新所不可缺少的；另一方面，由于企业过度嵌入在当前的关系和网络中，虽然降低了企业不确定性的风险，但同时也使得企业丧失了接触其他商业机会的可能性。

首先，关系过度嵌入将会带来企业认知的"绑定"的风险。加尔朱洛和贝纳西（2000）、乌兹（1997）指出，企业过度嵌入所带来的认知

"绑定"将会大大增加企业与当前关系之外的企业隔离的可能性。这是因为企业对当前交易伙伴的过渡关系嵌入会增强企业对其他交易伙伴的排他性。其次，关系过度嵌入将会降低企业从当前交易关系中获取的信息或者知识的边际收益。这是因为随着企业关系嵌入的增加，企业从交易伙伴获取的信息和知识的重复性在提高。这些同质的信息和知识对企业绩效增加的边际作用也在不断降低。最后，企业的过渡关系嵌入也会给企业带来过度的依赖，使得企业成为对方机会主义行为的目标。一方面，过度嵌入的企业面临着机密信息被泄露的风险。这是因为随着供应商和分销商关系嵌入的增加，供应商的许多核心知识和技术面临着流失的风险，比如购买商将自己的核心知识泄露给竞争者，或者购买商会变成为自己的新的竞争者；另一方面，过度嵌入的企业面临着合作伙伴在交易关系中的不作为行为（Blumberg，2001）。这是由于随着供应商对分销商信任和承诺的增加，可能会带来购买商的"搭便车"行为，购买商可能会借着对方的信任和承诺，在交易关系中不努力工作。因此，尽管关系嵌入会为企业带来许多收益，但是随着企业关系嵌入的增加，当其超过了临界值时，关系嵌入带来的成本和风险也就不能忽视了，当关系嵌入带来的成本高于关系嵌入带来的收益时，关系过度嵌入就会降低企业的绩效（Hagedoorn & Frankort，2008；Okhmatovskiy，2010）。

2.4.4　制度理论

制度理论作为一个具有很强解释力的理论，得到了广泛的推广和应用。制度理论（institutional theory）也具有较长的历史研究过程，最早的研究可以追溯到 19 世纪。同时，依据研究时期的不同，制度理论可以分为旧制度主义理论和新制度主义理论。随着各学科理论的交叉，制度理论也出现了一些新的研究范畴，如组织制度理论。以迈尔和罗恩（Meyer & Rowan，1977）、朱克（Zucker，1987）为代表的组织学研究主要关注组织结构的同一性问题，强调制度环境对组织行为的影响，他们都认为制度环境决定组织的结构与行为。

制度理论不仅是一个跨学科的理论，而且也是一个包含多个分析层次的理论体系。制度理论认为制度包含了社会制度、组织制度、团体制度以及组织子制度等多个不同的层次，不同层次既相互区别又相互联系。制度理论认为不同层次之间的制度存在相互影响和相互制约作用，一方面，高一层的制度体系为低一层的制度提供了存在的条件，制约着低一层内部活动者的关系和行为；另一方面，低一层次的活动者也以多种不同的方式和行为来改造和影响着高一层制度的发展和变化。

1. 制度的概念

对制度研究的过程中，存在着多种不同的制度的概念。戴维斯等（Davis et al.，1971）把制度定义为用于建立生产、交换和分配的政治的、社会的和法律的基本规则。诺思（North，1990）将制度定义为社会中的游戏规则，是人为设计的用来管理人们交往的约束机制。斯科特（Scott，1995）提出制度主要由认知的、规范的和规制的结构与活动组成，这些要素为社会行为提供了稳定性。从这一定义可以看出制度包含了三个要素：规则性系统（regulative system）、规范性系统（normative system）和文化认知系统（culture-cognitive system），我们也可以把其分别称为规制性制度、规范性制度和文化认知制度，这三种制度要素构成了制度理论的三大支柱。规制性制度包括国家的法律法规和国家政策。规制性制度通过它具有的法律效力和强迫性来约束和规范人们和组织的行为。组织或者个人慑于违背规制性制度可能遭受的惩罚而自愿遵守法律或法规。规范性制度指将形成惯例的、必须遵守的或者道德约束的内容引入社会的规范中，通常以社会规范、操作手册或者职业标注等文本形式出现，这些制度通过约束人们或组织的标准化、专业化和社会责任来引导他们的行为和活动。文化认知制度通常包含一个国家或民族具有的价值观、文化观和社会信仰等内容。它可以为组织成员提供模式化的思想和意识，从而引导其决策和行为活动。因而，决定了人们共同的价值观、信仰以及道德取向，表2-7是对三种制度的比较。

表 2-7　　规制性、规范性和文化认知三种制度的比较

内容	规制性制度	规范性制度	文化认知制度
遵守的基础	利己	社会公认行为规则的约束	共享的理解力、约定俗成
扩散机制	强制	规范性	模仿
表现形式	法律、规则、制裁	经验法则、标准程序、职业标准以及教育履历	共享的价值观、信仰以及认知框架
合法性基础	法律认可	社会道德的约束	文化、知识

资料来源：Scott, W R. Institutions and Organizations [M]. Thousand Oaks, CA: Sage, 1995.

2. 制度环境

组织制度理论把企业的环境区分为制度环境与技术环境，并且强调制度环境对组织的影响。斯科特和迈尔（Scott & Meyer, 1983）认为制度环境以各种规则和要求的详细描述为特征，组织如果想要获得来自环境的支持与合法性就必须服从这些规则与要求。制度环境迫使组织服从"合法性"准则，因而组织不得不采用那些容易被接受的、符合标准的组织形式和组织行为，不管这样做是否有效率。由此可见，制度环境是由组织所处的当前环境中的制度构成的影响组织行为的因素。

制度环境强调服从所带来的生存价值和符合制度规则与规范所带来的合法性（Arino & Ring, 2010）。制度环境中影响组织的关键机构不是稀缺资源的提供者，而是制定以及执行公共或集体规则的国家的代表和专业性的组织。环境对组织的影响机制不是基于其为组织交易提供了机会，而是通过环境中的规则、规章和检查监督等机制。制度环境要求组织的结构和行为在公众和集体看来是适当的（appropriate）、合法的（legitimate）和可以接受的（acceptable）。组织在制度环境中的成功不再来源于对资源的获取，而是来自公众对组织过程与输出所授予的合法性与认可。在制度环境中，组织需要面对强迫、模仿和规范三种压力，它们使组织服从社会的和规章制度的期望，或者使组织趋同（Scott, 1983），而组织服从于制度环境可以给组织带来一些竞争优势，包括提高组织的

稳定性、合法性和获取社会支持和声望（Oliver，1997）。

技术环境倾向于强调组织与环境之间的技术相互依赖、环境中资源的短缺，以及组织所承受的技术压力（Oliver，1997）。这样看来，技术环境与经济学中所描述的典型竞争市场概念非常相似（Scott，1983）。技术环境中控制关键生产要素的机构对组织的核心活动具有重要的影响，组织在技术环境中的成功依赖于在竞争性的市场背景下对稀缺资源的获取以及对技术依赖的有效管理（Oliver，1997）。因此，在技术环境中，面临竞争压力的组织需要提高它们的效率和对环境的控制。

第 3 章

概念模型和假设

针对本书第 1 章所提出的研究问题，在第 2 章我们梳理、总结了现有的研究理论和文献，并在此基础上提出了本书总体的研究思路和大体框架。在本章中，我们将通过现场访谈，进一步修正本书的研究框架，细化本书的研究问题，并从理论的角度展开更为深入的分析和讨论，从而提出了具体的概念模型和假设。

3.1 现场访谈

现场访谈是实证研究收集数据的重要方法之一（李怀祖，2004）。这种方法通常由研究人员或访谈人员口头提问并现场记录被访谈者的回答，从而获得被访谈人的问卷回答。访谈一般可以选择通过面对面或者电话访谈的方式开展。由于访谈形式比较灵活，研究者可以根据访谈对象的特征而选择提问的方式、语气和用词，容易形成友好的谈话气氛。因此，可以得到问卷法难以获取的深入信息；同时，通过谈话可以把研究目的、要求和问题解释得更加容易理解，并且当场根据回答的内容提出附加性的问题，更易获得准确的答案。

本次访谈的目的是考察供应商和分销商之间的信任、承诺和分配公平感知等一系列关系嵌入因素、交易关系中契约完备性和法律体系不完备性以及供应商交易关系绩效的实际情况，用来验证上一章所提出的研究框架的合理性，同时为下一步提出模型和假设工作奠定基础。

芭比（Babbie，2003）等指出，现场访谈通常包括 4 个阶段。第一阶段为访谈准备阶段，主要是通过阅读国内外相关的研究文献，确定现场访谈的主要内容和访谈提纲；第二阶段为联络阶段，通过确定选择访谈对象的标准"锁定"受访对象后，采取各种方式与具体的访谈人取得联系；第三阶段为实地访谈阶段，主要是进行面对面或者电话访谈，并做好访谈过程的记录；第四阶段为分析阶段，主要是对访谈结果进行初步分析，发现收集到资料与目标研究之间的关系。接下来我们将对整个访谈进行详细论述，包括访谈准备工作、访谈过程，以及访谈结果分析。

3.1.1　访谈准备阶段

在正式访谈之前，我们从以下几个步骤作了准备工作。

第一，在选择调研行业时，我们选择了竞争性行业而非垄断性行业。这是因为，与竞争性行业相比，垄断性行业会更加容易受到国家政策和经济法规等宏观因素的影响，垄断性行业具有更多的特殊性和差异性，研究结果很难在其他情境下推广。鉴于此，本次调研选择了家用电器、电脑、手机和电子元器件等竞争性行业作为本次调研的行业对象。这是因为这些行业都具有市场化程度高、竞争充分等特点，同时选择多个行业可以更加全面地了解在实践过程中，企业间交易关系特别是关系嵌入因素的实际情况，有利于归纳出普遍特征，减少由行业选择偏差造成的结论偏差，从而保证访谈结果具有更好的普适性。

第二，通过对现有研究成果的梳理，我们发现，关于渠道关系的现有研究中，同时关注了供应商—制造商关系和制造商—分销商关系两种关系。然而，根据本书的研究目的以及调研行业特征，由于目前的市场属于买方市场，制造商需要加大对下游分销商的关系投入，而随着下游分销商实力的不断增强，供应商需要不断加强与分销商的关系建立，这使得供应商在交易关系中更多地处于过度嵌入的局面，因此，从制造商的角度，探讨在制造商和分销商关系中关系嵌入的不对等与制造关系绩效之间的关系对于制造商而言有重要意义。于是，本研究将实地访谈集中在制造商—分销商关系上，分别选择几家制造商和分销商进行访谈。

第三，为了减少访谈企业规模大小对访谈结果造成的偏差，本次访谈分别选择了大、中、小不同规模的制造商和分销商，同时在企业股权性质方面，我们兼顾了国有、外资、民营等不同所有制类型的企业，以确保访谈结果具有较好的普遍意义。

第四，对于具体访谈对象的确定和选择，由于本书重点关注供应商和分销商的交易关系。因此，我们选择了企业中具体负责双方交易业务往来的中高层人员，作为我们的访谈对象。具体而言，对制造商企业的访谈选择了制造商的销售经理人员，而在分销商企业访谈中选择了采购经理人员。这些访谈对象的选择可以确保受访人熟悉访谈涉及的内容，能够客观、准确地提供所需要的有效信息。

第五，为了保证访谈的有效进行，所有参加访谈的人员明确了访谈中应当注意的事项，以及如何采取灵活应变的方式解决访谈中可能出现的问题等。通过事先收集相关行业和访谈企业的基本信息，确保在访谈之前对相关行业背景有一个基本的了解。这样，一方面可以保证访谈能够深入、顺利地开展；另一方面也可以让采访者根据不同的行业情境提出更具有针对性的问题。

第六，在开始正式访谈之前，我们设计了非结构化提纲。这样做的目的在于，让访谈对象可以围绕所关心的问题进行回答，不局限于事前设计好的具体问题，这样可以获得企业在维持与交易伙伴交易往来中最真实的情况（李怀祖，2004）。为了确保访谈提纲的有效性，访谈人员先通过小组讨论草拟了一份提纲，然后按照迈尔斯和休伯曼（Miles & Huberman，1994）的建议，分别找了一家制造商和一家分销商进行了预访谈，根据预访谈中出现的情况对访谈提纲进行了修改，并形成了最终的访谈提纲，如表 3 – 1 所示。通过两次预访谈，熟悉了访谈过程，并掌握了访谈中应该注意的问题，为开始正式访谈奠定了基础。

表 3 – 1	访谈提纲
访谈问题	
问题 1	请谈谈贵公司的一些基本情况以及所处行业的特点
问题 2	请谈一下您个人的基本情况，比如职务、在贵公司工作时间、教育背景等
问题 3	贵公司有多少主要的交易伙伴？您是否了解与这些交易伙伴的业务关系？如了解，请谈谈贵公司与交易伙伴业务往来的基本过程
问题 4	贵公司在与交易伙伴的业务往来中是否已经在彼此之间建立了密切的嵌入关系？如果存在紧密的关系，请详细谈谈这些关系的种类和表现形式
问题 5	贵公司和交易伙伴之间对于当前的交易关系是否进行了同样的关系投入，比如是不是存在同样的信任、作出了同样的承诺、对当前交易关系有着同等水平的公平感知
问题 6	贵公司和交易伙伴之间如果存在关系嵌入不平等，是否会给企业绩效带来一些负面的影响？请举例说明
问题 7	贵公司认为交易双方签订完备的契约是否具有必要？它对于双方的合作是否有影响？会带来哪些影响
问题 8	贵公司认为当前交易关系面临着怎样的外部法律环境？请举例说明。法律体系会对双方的合作产生怎样的影响

3.1.2　访谈过程

在访谈之前，通过电话、邮件和传真等途径与访谈名单中的制造商和分销商的经理人员取得了联系，向他们充分阐明了此次访谈出于纯粹的学术研究的目的，不会用作商业利益等其他用途；同时访谈不会涉及企业的商业机密，对于受访企业和受访人员的隐秘信息和个人相关的信息，我们会采取绝对保密。经过充分的解释和沟通，大部分受访人员都愿意参加此次访谈，同时也让访谈对象可以放松思想、畅所欲言，提供真实有效的信息。

之后，我们提前将访谈大体内容通过电子邮件的方式发送给受访者，让受访人员提前了解访谈内容，并进行了电话沟通，对不明白的地方进行了解释，以便于他们提前做出准备，从而保证调研过程顺利高效，充分、深入地获取访谈信息。

在访谈过程中，尽力营造一个轻松、融洽的氛围，以便于访谈对象自由发挥。而后，从访谈对象最为熟悉的内容入手，如主要承担的工作、和相关企业的具体业务往来过程、行业的特征等方面，随后再将焦点集中在研究者所关心的交易关系中的专项投资以及机会主义行为等方面，按照访谈提纲逐步展开访谈。每当提出一个问题，应该尽量让受访人员自由发挥，充分发表自己的看法和意见，而不对其阐述的内容发表意见。同时，为了能够更准确、深入地了解相关问题，使得访谈不至于离题太远，在访谈过程中会进行适当引导。为了避免手写记录遗漏重要的信息，在征得被受访人同意后，对谈话进行了录音，以便于后续的分析和整理。

3.1.3 访谈结果分析

访谈结果分析包括以下两部分内容：一是对访谈基本信息分析，包括对访谈企业的信息汇总和分析，对访谈对象基本信息综合分析；二是访谈关键信息分析，主要分析交易双方通过交易建立的相互信任、关系承诺、公平氛围、契约完备性、法律体系完备性以及企业绩效之间的一些情况，分析这些变量之间的联系。

1. 基本信息汇总

从 2007 年 4 月~8 月，在北京、西安、青岛、郑州、广州和深圳等地，先后共展开了 10 次访谈，有 6 家制造商的渠道管理者和 4 家分销商的经理人员接受了访谈。每次访谈时间在半个小时至一个小时不等。访谈结束后，对被访谈企业和被访谈者的基本信息进行了汇总，如表 3 - 2 所示。

表 3 - 2 访谈基本信息汇总

	被访谈企业基本信息				被访谈人基本信息			
	所处行业	员工人数	年销售额（元）	企业性质	所任职务	任职时间	学历	年龄
制造商企业								
访谈 1	家用电器	20000 多人	150 亿	民营	渠道经理	3 年	本科	28
访谈 2	手机	4000 多人	100 亿	外资	渠道经理	4 年	本科	26
访谈 3	电脑	200 人左右	5 亿 ~ 10 亿	外资	渠道经理	7 年	硕士	32
访谈 4	电子器件	350 人左右	1.5 亿	民营	营销部部长	2 年	本科	27
访谈 5	家用电器	5000 人以上	50 亿 ~ 60 亿	国有	营销部部长	10 年	本科	46
访谈 6	家用电器	1500 人左右	10 亿 ~ 15 亿	国有	总经理	9 年	硕士	45
分销商企业								
访谈 7	手机卖场	50 人左右	1 亿 ~ 2 亿	外资	采购经理	5 年	本科	30
访谈 8	电脑销售	30 人左右	6000 万	民营	总经理	8 年	本科	39
访谈 9	家电连锁	10000 人左右	500 亿	民营	采购经理	4 年	本科	36
访谈 10	百货商场	800 人左右	5 亿	国有	采购部部长	12 年	本科	47

（1）访谈企业基本信息。

第一，根据之前的行业选择，参与访谈的企业分别来自家用电器、电脑、手机和电子元器件行业。共计访谈 10 余人次，其中从制造商视角访谈 6 人次，从分销商视角访谈了 4 人次。

第二，从员工人数看，6 家制造商员工人数既有 100 ~ 500 人的小型企业，也有 1000 ~ 10000 人的中型企业，还有万人以上大型企业；4 家分销商既有不足 50 人的小型分销商，也有 500 人以上的大型分销商。同时从销售额上看，也从几百万元到几亿元不等。这说明，本次访谈涵盖了不同规模的企业，研究对象具有一定的代表性。

第三，从企业所有制类型来看，在接受调研的 10 家企业中，有 3 家国有企业，3 家外资企业，4 家民营企业，这说明此次访谈涵盖了不同的企业类型。

第四，从行业特征上看，在所有的访谈中，无论是制造商还是分销商，都毫无例外地提到了竞争的问题。访谈对象一致认为自己所处行业的竞争十分激烈。例如，一位分销商说到："现在我们这一行大家都知道，竞争很激励，利润很低，通常也就 3 个点（3%）左右，一年 1000 万~2000 万的销量，最后落到手里的也就 30 万~60 万"。一位家用电器的经理也提到："大家都知道家电行业竞争激烈，你看看商场里家电牌子和价格，还有广告和促销宣传，就知道现在竞争有多激烈了"。一位电脑零部件销售商的业务主管提及："我们这个行业竞争激烈，利润都是透明的，而且利润率很低"。这说明，此次访谈的企业均处于竞争激烈的行业，达到了访谈目的。

（2）访谈对象基本信息。

第一，从被访谈人所任职务上看，6 家制造商中，渠道部经理 3 人，营销部部长 2 人，总经理 1 人；4 家分销商中，采购经理 2 人，采购部部长 1 人，总经理 1 人。可以看出，所有被访谈人具有企业的高层管理职位，对企业和交易关系比较了解。

第二，从任职时间来看，被访谈对象的任职时间最少的为 2 年，最长的在 10 年以上。这说明被访谈对象对本企业的实际情况以及与相关企业的业务往来较为熟悉，能够真实、全面地回答研究者提出的问题。

第三，从年龄上看，11 位被访谈人的年龄在 26~45 岁，学历为本科或硕士。这表明，所有被访谈人均为受过高等教育的中青年管理者，能够很好地理解我们所提出的问题，并且能够利用准确的语言来提供真实有效的信息。

综上所述，本研究所选择的 11 次现场访谈是真实、客观和有效的，符合实证研究的标准，能够满足本研究的需要。

2. 关键信息分析

在访谈结束以后，根据本书的研究目的，对访谈记录的关键信息进行了整理和分析，尽可能保持访谈对象的原话，从中挑出相关的语句进行整理，以便从中发现研究所需要的有价值的信息。

（1）交易关系中信任的体现。

我们在访谈过程中发现，几乎所有的访谈对象都认为企业间在合作过程中建立了良好的合作关系，而信任更是合作关系中必不可少的因素。比如，一位销售经理这样谈到，"如果我们不相信对方，我们就不会跟他们继续合作了。我们企业跟他们企业已经有五六年的交情了。尽管有时候他们也会搞一些小动作或者是投机行为，但大体上还算信得过"。一位家电商的经理也提到，"供应商的信誉一直都比较好，这也是我们放心跟他们合作的原因，信不过的企业，我们怎么敢跟他们合作啊"。这说明，在实践中，信任是合作关系中普遍存在的，也是合作关系建立的基础。表3-3中归纳了在所有6次访谈中访谈对象所提到的对交易伙伴的信任的具体体现。

表3-3　　　　企业间交易关系中的信任

访谈编号	交易关系中信任的表现
访谈1	a）我们的供应商都是严格挑选出来的，在行业内都具有良好的声誉，能提供高质量的物料或者配件。这样的客户通常都会很好地参与合作的。 b）一些供应商在我们附近都建了工厂，希望跟我们长期合作，所以在做一些重大决策的时候，他们会考虑到我们的立场。 c）有些客户会主动协助我们解决一些产品方面的问题，我们发现他们确实有合作的诚意，慢慢地就比较信任他们了
访谈2	a）一些客户跟我们在多个产品线上都有合作，那他们一般就不会损害我们的利益，否则他们也会遭受很大的损失的。 b）经过多年良好的合作，要是遇到些特殊情况导致我们不能及时供货，相信他们也会理解
访谈3	a）跟客户的合作一直都很好，相信对方今后也会尽心地与我们保持合作。 b）很多客户都是大企业，信誉都很好，原则性的问题上不会欺骗我们。 c）我们对他们来说是很重要的供货商，考虑到双方的利益，他们一般不会提出一些很过分的要求

续表

访谈编号	交易关系中信任的表现
访谈 4	a）供应商的一些生产线是专门为我们建的，只能供给我们，所以如果我们遇到问题的话，他们一般都会尽力帮助我们解决。 b）在合作过程中，一些客户在必要时会帮助我们解决工作中遇到的实际问题，并且会给我们提供一些行业发展趋势、消费趋势和消费者的购买习惯报告等信息，我们能看到厂商愿意与我们双赢的诚意，所以我们相信为了确保双方的合作收益，他们在做决策时不会只考虑他们自己
访谈 5	a）供货商是有信誉的大企业，产品质量有保障。好歹他们（客户）也是大企业，信誉很好，不会欺骗我们的。 b）跟他们（客户）合作这么多年了，双方比较了解，跟他们的高层都很熟悉，关系一直都很好。即使合作中出现一些问题（如不能及时供货或其他的问题），他们会给予理解。我们相信在我们需要帮助的时候，他们会施以援手
访谈 6	a）我很相信我们的合作伙伴，大家做生意这么多年，彼此之间都有了很深的交情，因此，我们在做一些事情时，就是凭借着相互的信任开展的。 b）我们之间的信任不光是在对于订单接受、产品质量、货款支付等具体的销售过程中，更体现在行业不景气甚至是在遇到其他对手的竞争时，我们都对彼此抱有很大的信心，认为我们可以一起走过难关

（2）交易关系中承诺的体现。

在访谈过程中，我们重点询问了企业为了维持当前的交易关系对合作伙伴作出的承诺。通过访谈，我们发现，几乎所有的访谈对象都认为企业间的合作过程中，为了维持和发展当前的交易关系，双方都会作出不同程度的承诺，而且都认为承诺对于维持当前的交易关系、加强企业的合作存在着重要的作用。比如，一位销售经理这样谈到，"在我们交易过程中，会经常遇到一些非常困难的事情，为了能够更好地处理和解决问题，我们会对合作伙伴作出承诺，以希望获得合作伙伴的支持"。一位家电零售商的经理也提到，"我们非常愿意和我们的供应商建立长期的合作关系，因此，我们对我们的合作伙伴是非常忠诚的"。这说明，在实践中，企业间的承诺在合作关系中是普遍存在的，也是合作关系建立的基础。具体信息如表 3-4 所示。

表 3-4 企业间交易关系中的信任

访谈编号	交易关系中承诺的表现
访谈 1	a）我们和我们的合作伙伴对于如何做生意、如何经营企业的理念非常的一致，因此，我们十分愿意与他们进行长期的交易。 b）经过这么多年的合作，我们已经十分习惯和这个客户进行交易了，因此，即便有其他的合作伙伴提供更优惠的条件，我们还是会选择当前的合作伙伴
访谈 2	a）我们之间合作得非常愉快，而且彼此之间非常默契和友好，感觉大家就像是一家人一样，我们很愿意和他们长期合作下去。 b）这个供应商为我们提供的产品和服务是其他供应商所不能提供的，因此，我们非常愿意与供应商维持长期的交易关系
访谈 3	a）经过这么多年良好的合作，我们彼此都为此付出了很多，包括金钱、情感等，一旦我们要更换合作伙伴，双方都会遭到很大的损失，因此，我们都会希望能够保持合作。 b）我们为了合作伙伴专门建了一条生产线，这条生产线的产品只能供给他们，所以我们乐意和他们发展长期的交易关系。 c）我们对他们来说是很重要的供货商，考虑到双方的利益，他们也愿意同我们进行长期的合作
访谈 4	a）我们的合作伙伴对我们非常忠诚，不会为了获取更好的条件而随意更换合作伙伴。 b）当然在合作过程中，有一些客户可能并不是非常忠诚，但是我们大家都十分清楚，一旦终止关系大家都会遭受损失，而继续保持合作对大家都有好处，因此，尽管他们对我们不忠诚，还是会保持与我们的合作关系
访谈 5	a）供货商是有信誉的大企业，产品质量有保障。好歹他们（客户）也是大企业，信誉很好，不会欺骗我们的。 b）跟他们（客户）合作这么多年了，双方比较了解，跟他们的高层都很熟悉，关系一直都很好。即使合作中出现一些问题（如不能及时供货或其他的问题），相信他们会给予理解。我们相信在我们需要帮助的时候，他们会施以援手

续表

访谈编号	交易关系中承诺的表现
访谈6	a) 合作伙伴经常会给我一些许诺，比如承诺愿意与我们进行更长时期的合作，今后给我们更大政策支持和优惠。但是有些时候他们的承诺到后来没有完全兑现，这让我们觉得有些"不爽"。 b) 当然我们也会对合作伙伴作出许诺，比如保证不销售竞争对手的产品、保证市场规范、不断进行针对该合作伙伴的人员和资金投入等。合作伙伴听到我们的承诺后，表示非常高兴

（3）交易关系中公平的体现。

在访谈过程中，我们重点询问了企业在当前交易关系中自身的投入收益以及合作伙伴的投入和收益的比例，借此来了解当前交易关系中交易公平尤其是分配公平的具体情况。访谈过程中，访谈对象 8 次提到有关公平的信息，如表 3－5 所示。

表 3－5　　　　　　　交易关系中的公平

访谈编号	交易关系中公平的表现
访谈1	a) 卖场对我们还很友善，有时会帮助我们一起设置专门的展柜。 b) X 公司的产品比较好卖，给我们带来的利润很大。有时候通过和他们公司联合促销，也能增加我们的客流呢，所以我们会分担一部分促销费用
访谈2	a) 逢年过节在我们商场做促销的时候，要求他们承担部分费用，这样对双方都有利。 b) 有的卖场会专门把比较好的展位留给他们关系好的公司
访谈3	a) 他们经常根据我们的意见做出相应调整。 b) 我们和经销商的关系非常的友好，我们会有年终表彰大会，经销商经常告诉我们市场的销售信息，一些经销商还在他们的公司为我们设立了办公室，以便我们的相关人员可以常驻
访谈4	a) 分销商会针对我们的产品，对他们的销售人员进行专门培训，提高他们的销售技巧。 b) 分销商在政策和计划制定的时候会考虑我们的意见和感受

续表

访谈编号	交易关系中公平的表现
访谈5	a）我们在大卖场销售利润很低的，主要是为了冲量，他们时常会要求我们缴纳各种费用，感觉很不公平的。 b）进行促销时，我们要承担几乎所有的促销费用。 c）我们要进他们的柜台，需要缴纳各种费用，有时也要按它们的要求布置，利润越来越薄
访谈6	a）我们会专门派人协调他们公司的出入货，帮助他们销售。 b）这些厂商对我们不一样，我们进货的条件要求很苛刻。 c）我们关系一般了，但是我们还是经常会帮助他们布置展台，这也是为了我们好
访谈7	a）对销售人员，我们会定期进行培训，主要针对产品功能的一些专业知识、产品的关键卖点和推销技巧等。 b）这些大牌厂商一般了解我们所面临的实际情况，会主动派技术客服人员、销售人员来培训我们的销售，也会在店内派驻一些厂商代表，这样能提高销量
访谈8	a）我们之间关系很友好，会派一些有经验的销售协助他们产品的销售。 b）我们会根据厂商对产品的意见而做出相应调整

通过对访谈内容进行整理，可以发现：

第一，交易双方，无论是供应商还是分销商，都会在意交易关系的公平或者不公平。在访谈中被访谈者会提到自己的投入、承担的任务和收入的比较。例如，一些分销商人员提到，"逢年过节在我们商场做促销的时候，要求他们（供应商）承担部分费用，这样对双方都有利""XX公司的货比较好卖，给我们带来的利润很大。有时候通过和他们公司联合促销，也能增加我们的客流呢，我们会分担一部分费用""我们会专门派人协调他们公司的出入货，帮助他们销售"。被采访的供应商销售经理也提到，"我们会在他们商场里派驻专门的销售人员和促销人员，产品销售能有很大的增长""我们要进他们的柜台，需要缴纳各种费用，有时也要按他们的要求布置，利润越来越薄""我们在大卖场销售利润很低的，主要是为了冲量，他们时常会要求我们缴纳各种费用，感觉很不公平的""这些厂商对我们不一样，我们进货的条件要求很苛刻"。

第二，在交易过程中，尽管交易双方会关注除了分配公平之外的其他公平，但是相对于其他公平，交易双方对分配公平的感知更加关注。当谈到这一问题时，有供应商的企业经理就这样描述："店大欺客，不尊重我们。在一次展台促销的时候，展台已经准备好了，卖场突然要求我们换一个位置，也没有向我们解释理由，态度很蛮横。但是因为这家店可以帮我们出很多的货，带来很可观的利润，所以我们也就接受了只能换了个位置。"一位分销商经理也这样描述："这家供应商比较强势，一旦我们的销售存在一些违规的地方，就会对我进行严重的警告，不留一点情面，有时候我们都觉得非常气愤。但是这家供应商的货的确很畅销，而且毛利率也很高，是目前我们销售区域最有利润的产品。所以尽管有时候会觉得委屈，考虑到利润也就忍忍过去了"。

（4）契约完备性对于企业间嵌入关系的影响。

通过访谈回顾整理，大多数的企业经理都认为契约在交易关系中发挥着重要的作用，是交易关系中不可缺少的机制。比如在访谈中一个企业的经理就这样描述："契约合同是双方利益和防御风险的重要保障，我们在建立良好合作关系的基础上，仍然需要通过合同来约束，用合同来界定双方的行为，说明双方企业的管理是正规的，这对我们双方都是有好处的。"而另外一家分销商的采购主管也认为："契约合同是一种保障双方利益的机制，感情上谈好的事一定要通过书面合同来体现，不做合同是不可能的"。

交易双方都认为契约或合同在交易关系中发挥着重要的作用。一些制造商的经理就认为："通过一定的协议或者合同，比如返利政策或特价等优惠能够控制分销商的行为""通过合同约定一些要求，可以让分销商觉得提供信息和知识是一种责任和义务""我们会在合同中明确规定，分销商提供的各种销售数据必须是真实的销售统计数据"。而一些分销商的管理者则认为："为了明确付款方式等条款，一定要签合同，但是像提供信息或者销售数据这些要求我们一般不会通过合同来进行约束""对于明确的信息，比如库存、销量等，可能会写进合同"。通过以上的分析，我们可以发现，契约在交易关系中具有重要的控制作用，然而在实际的交易过程中，双方对契约条款的全面性具有差异，这也导致了交易关系中契约总是不完备的。

（5）法律体系不完备性对交易关系的影响。

通过对访谈的回顾，我们发现，当前国家的法律体系对于交易关系同样具有明显的影响作用。比如一位供应商负责人指出："当前的法律对我们产权的保护力度依然不够，有时候考虑到法律的缺陷，我们对于为分销商进行的投资都非常的谨慎""由于法律仲裁机构和执行过程中的问题，尽管我们合同中明确说明了双方的违约责任，但是考虑到法律程序的成本和时间，很多时候都不了了之"。而分销商的经理则认为："我们在和供应商做生意的过程中经常会遇到一些经济分歧，有时候明显是他们的问题，但是由于没有明确的法律规定，我们也只能忍受""我们通常都不会采取法律途径来维护自己的利益，因为我们都清楚一旦走上法律程序，势必会伤害我们的合作，更重要的是最终的法律结果也不一定就是我们想要的""相关的法律法规的不稳定给我们和供应商的合作带来了很多困惑，我们经常需要接受来自不同政府部门的干预"。因此，外部法律体系的完备性会影响企业间交易。

3.1.4　现场访谈结果小结

通过对不同行业制造商和分销商的 9 次访谈，笔者大致了解了营销渠道情境下制造商与分销商之间关系嵌入的实际情况，以及企业间契约完备性、外部法律体系等对企业间交易的影响作用。通过对访谈信息的认真分析和总结，可以得出如下的结论：

首先，在渠道情境中，建立和发展嵌入关系是交易双方共同努力的方向，是彼此为了实现交易目标的一个重要手段。企业间建立嵌入关系可以加深企业间的相互理解，促进企业间的紧密合作和协调，实现双赢局面；然而企业间嵌入关系也有可能为企业带来风险，容易被锁定在当前的交易关系中，限制企业的知识认知，影响企业对新知识、新机会的识别和利用；同时，关系嵌入也可能使企业成为合作伙伴机会主义行为的受害者。而由于当前中国供应商和分销商之间的关系管理处于发展阶段，依然存在很多未被解释的内容。因此，从理论上仔细探讨供应商和分销商间关系嵌入不对等对供应商企业绩效的影响作用具有重要的实践意义。

其次，在制造商—分销商关系中，交易双方关系嵌入不对等会引起企业间交易成本和交易绩效的变化。交易成本理论指出，契约作为一种正式的法律机制，通过明确的、详尽的和全面的契约条款，能够为企业间关系嵌入提供必要的法律保障，从而保证企业间交易的效率。然而由于事前信息不对等、事后不确定性等因素的存在，在实际中契约存在着不同程度的不完备性。通过访谈我们发现，契约条款的完备性对企业间交易关系的有效性存在着显著的影响作用。因此，我们研究契约条款的完备性对企业间关系嵌入不对等的管理存在怎样的影响作用，对于更好地管理企业间关系具有重要的实践意义。

最后，法律体系的不完备性同样会对企业间嵌入关系不对等与企业绩效间关系产生重要的影响作用。通过访谈可以发现，当外部法律体系不完备时，大大增强了企业对合作伙伴机会主义行为的担忧，影响企业对当前交易关系的评价，最终影响企业间合作。由此可以看出，在研究企业间关系嵌入不对等与企业绩效间关系时，考虑外部法律体系的不完备性是非常必要的。

综上所述，10 次现场访谈的分析结果有力地支持了本研究第 1 章中所提出的研究思路和研究框架，这说明本书要研究的问题符合企业间交易过程中的实际情况，同时也是企业实践所关注的核心问题和现实难题，本书的研究对于指导企业管理实践具有重要意义。

3.2 理论背景和概念模型

3.2.1 关系嵌入及不对等

格兰诺维特（1992）曾指出，经济交换行为大都嵌入在一定的个人关系和组织关系中，也就是关系嵌入；而这些个人关系和组织关系又嵌入在一定的社会结构网络中，也就是结构嵌入。前者是一种双边关系中的嵌入，研究个体在一种双边关系中的经济活动究竟是怎样嵌入在这样一种双边关系的，关注的是个体层次的嵌入性。后者关注经济如何嵌入在更为广阔的社会结构中，是一种较为宏观的视角。结构嵌入反映了企业所嵌入的网络的结构，而关系嵌入则反映了个人关系的质量。本书关注的是供应商和分销商关系，因此主要关注供应商和分销商间的二元关系嵌入。

关系嵌入作为一种二元关系嵌入，反映了合作伙伴对彼此的需求和对目标的关注程度，以及相互信任、共同依赖和信息共享的程度。格兰诺维特（1985）将关系类型划分为强关系联结和弱关系联结。强关系联结通常表现为企业间高频率的互动、高水平的情感投入、高强度的亲密关系和较多的互惠互利的互动关系；而弱关系联结通常表现为企业间低频率的互动、低水平的情感投入、低强度的亲密关系和较少的互惠互利的互动关系。在对格兰诺维特关于嵌入定义重新修订的基础上，纳哈皮特和戈沙尔（Nahapiet & Ghoshal，1998）把关系嵌入定义为人们在交往基础上所建立的个人关系。乌兹（1997）把关系嵌入的内涵区分为三个维度，包括信任、良好的信息共享和共同的问题解决三个方面；进一步，达钦等（Dacin et al.，1999）指出，企业间关系嵌入的程度是多种多样的。企业间存在着两种类型的关系嵌入，一种是正常的联结关系，另一种则是紧密的联结关系。正常的联结关系中，联结的个体之间缺乏密切的交往，这种联结关系通常是基于需求利益和机会的逻辑之上的，更多地表现为一般的生意关系；而紧密的联结关系中，联结的个体之间的社会交往非常密切，而且彼此之间都有着非常清楚的了解（Figueiredo，2011）。

鉴于关系嵌入的特殊性和重要性，我们关注企业间的紧密联结关系也就是嵌入关系在企业间交易中的作用。由于嵌入关系通常都需要牢固的社会依恋作为基础，尤其是信任和互惠以及长期愿景（Figueiredo，2011；Dacin et al.，1999；Uzzi，1996；Larson，1992）。因此，本书把渠道成员间的关系嵌入定义为渠道成员间在以往交往基础上所建立的相互信任、为维护长期关系而作出的相互承诺以及当前关系交易过程的公平水平。

（1）信任。

信任是企业认为其交易伙伴值得信赖的一种信心（Yilmaz & Hunt，2001），它指企业在预测合作伙伴的行为和动机时，认为合作伙伴不会以牺牲企业利益为前提来获取自身利益的一种信念（Uzzi，1997）。在给定的交易关系中，信任反映了企业为合作伙伴承担风险的意愿（Mayer，Davis & Schoorman，1995；Sheppard & Sherman，1998）。企业间的信任促进了企业间的相互合作和信息交换，最终提高企业的绩效。

长期以来，信任一直都是人们讨论关系嵌入话题的中心变量。格兰诺维特曾经指出，社会关系的嵌入程度越高，企业间的信任就越可能建立和延伸。因此，嵌入关系与信任之间具有非常高的相生性，企业间信任程度的高低，也直接反映了彼此嵌入当前关系的程度和水平。

（2）承诺。

承诺在交易关系中发挥着重要的作用。承诺是指交易伙伴间为了维持交易关系而作出的显性或者隐性的誓言（Dwyer et al.，1987）。在渠道关系中，承诺被看成一种维持长期交易关系或者是采用有益行动的一种态度（Kumar et al.，1995）。以往对于态度性承诺的研究表明，渠道成员间的态度性承诺对于交易伙伴留在交易关系中的意向、愿望、绩效及对当前关系的投入有着积极的影响。组织间的承诺保证了企业间较高水平的目标和价值认同，反映了企业为当前交易关系投入额外精力的意愿以及维持当前交易关系的渴望（Pillai，Schriesheim & Williams，1999）。因此，交易关系中的承诺，特别是情感承诺反映了企业对当前交易关系或者交易伙伴的长期导向的程度。交易关系中的承诺水平越高，企业的长期导向程度越高，企业越深地嵌入在当前的交易关系中。

（3）分配公平。

嵌入关系通常也表现为交易关系的互惠性原则，而互惠的交易关系就暗含着在长期的交易关系中，交易双方可以公平地对待彼此（Meuleman et al.，2010）。因此，当前交易关系的公平程度也反映了交易关系中的互惠程度，进而反映了嵌入水平。当交易关系中的公平程度越高，就意味着交易关系的互惠程度越高；互惠程度越高，就说明企业在当前交易关系中的嵌入水平越高。

以往关于公平的研究指出，分配公平和程序公平是两种最重要的公平机制（Kumar et al.，1995）。然而，分配公平和程序公平对问题的解释能力依赖于研究问题的属性。亚历山大和鲁德尔曼（Alexander & Ruderman，1987）发现，在解决管理评估、工作满意度以及感知冲突等问题时，相对于分配公平，程序公平能够解释更多的方差；科诺夫斯基等（Konovsky et al.，1987）研究发现，尽管程序公平可以很好地预测和解释组织的承诺，但是无法解释薪酬支付的满意，而分配公平能够很好地进行预测（McFarlin & Sweeney，1992）；同样地，福尔杰和科诺夫斯基等（Folger & Knovosky，1989）提出，在解释组织的承诺和信任时，程序公平比分配公平更加有效；相反地，在解释组织的经济收入时，分配公平就更加有效。因此，考虑到本书关注供应商的企业绩效，我们选择分配公平作为预测变量。

人们在交易过程中总是寻求公平的交易氛围，企业对交易关系中公平的感知，特别是对分配公平的感知会影响企业间的关系质量和交易行为。分配公平作为第一个公平的重要维度，起源于亚当斯（Adams，1963；1965）的公平理论。分配公平是对企业从当前交易关系中得到的利益和损失、收益和成本以及其他可能影响企业心理感知的公平程度的反映（Luo，2007）。因此，基于以往的概念，我们把分配公平定义为企业从当前交易结果中获取的收益相对于各自的贡献和所承担的责任是成比例的（Adams，1963；Greenberg，1990；Kumar et al.，1995）。因此，分配公平的价值在于能够培育企业间的有效合作，从而促进合作伙伴在经济、社会、心理和物理等方面的良好感觉（Luo，2007）。

3.2.2 关系绩效

在以往文献中，关系绩效往往是通过渠道企业从关系中所实现的个体目标或其自身的绩效满意度来测量的。关系绩效是指企业从与某个合作伙伴的交易关系中获得的经济结果（Geyskens & Steenkamp，2000；Liu et al.，2009），包括销售额、利润以及成本上的折扣等。关系绩效是一个宽泛的概念（Geyskens & Steenkamp，2000），渠道成员的关系绩效通常被定义为"渠道企业在与渠道成员的关系中所获得的在经济上的回报，包括销售额、利润等"。关系绩效包括了渠道成员在渠道关系中目标实现或者成员对经济绩效的满意情况（Parkhe，1993；Kumar et al.，2011）。关系绩效反映了交易关系的效率和经济产出，是企业参与交易关系的原动力，因此，关系绩效是渠道成员对其与合作伙伴之间关系评价的重要标准。

以往对关系绩效的研究主要关注了信任和承诺（Anderson & Weitz，1992）、依赖和权力（Achrol & Gundlach，1999；Kumar et al.，1995）、机会主义行为（Morgan & Hunt，1994；Das & Teng，1998；Crook et al.，2008；Luo，2007）等因素对企业间关系绩效的影响。

3.2.3　契约完备性

契约的完备性是一个多维度的概念，它不仅包括了契约条款的具体化和明确化的程度，同时也包含了契约条款的权变适应性（Luo，2002）。完备化的契约通常不仅包括指明双方责任和义务的契约条款，而且也包括双方在未来预期的事件发生时所有的权利和义务（Wuyts & Geyskens，

2005）。由于有限理性和环境不确定性的存在，交易企业在事前对未来所作的预期仅仅基于双方的主观评估，未来所面临的不确定性在本质上是不可预期的，所以管理实践中的契约绝大部分都是不完全契约（Williamson，1975；Hart & Holstrom，1987）。

完备化的契约是一个具有法律约束力的框架，它通过将合作双方的权利、责任和义务以及双方合作的程序和政策写入契约条款中，来规范和约束合作双方的交易行为，提供了合作双方争端处理的工具（Luo et al.，2011）。契约条款的具体化有利于清晰界定双方的责任和义务，从而减少合作伙伴的机会主义行为的可能性；然而在实际合作中，由于不完美信息和未来不确定性的存在，合作双方无法通过所有的契约条款来明确合作双方的所有责任，更无法解释未来环境变化所带来的机会或者威胁（Brown，Potoski & Vanslyke，2007）。因此，最优化的契约完备性应该同时具备减少机会主义和促进适应性调整两方面的功能。完备的契约通过约束合作伙伴以牺牲共同利益为代价来追求个体利益的行为，有效地降低了企业可能面临的事后交易绩效的问题。在不完备的契约中，企业不能将所有可能出现的机会主义行为纳入合同中，制定相应的惩罚措施，或者说即使有惩罚，但惩罚带来的损失也不一定高于其因机会主义行为而获得的额外收益，或者这些条款并没有相关的法律制度进行保证或强制执行。

3.2.4 法律体系不完备性

法律体系的完备性不仅指一个国家法律框架的完整性，同时还包括国家或者政府对各种各样法律的强制实施的程度（Luo，2005；Greif，1997）。法律体系的完备性对企业间合作存在重要的影响作用，法律体系对企业知识产权和所有者权益保护的有效性，影响着企业信息的搜集、交易成本以及运营监管。陆（2005）指出，如果外部法律体系是不完备的，企业就会有很强的动机进行欺骗，如果缺少了强有力的法律体系作为保护，企业的专项投资和合法利益就无法得到保障。因此，法律体系的完备性会影响企业感知到的法律体系,保护企业间商业交易获得收益的有效性,法律体系不完备时,合作伙伴的机会主义行为或者违背初始协议的行为就无法受到法律的制裁。中国作为一个转型经济国家,尽管法律体系在不断地完善,但是政府的干预、法律体系的不断调整以及缺乏独立的法律部门都使得中国的法律体系具有很高的不完备性(Zhou & Poppo,2010),外部法律体系不完备性会对中国企业间相互合作产生重要的影响作用。

3.2.5 本书的概念模型

通过理论对比、企业访谈等工作,我们发现,当前的研究对以下几个问题依然没有明确的答案:(1)尽管学者们已经认识到建立和发展嵌入关系对企业间交易具有重要的意义,但是以往的理论研究都只提出了关系嵌入的概念,从理论上进行了阐述,在实践中和实证研究上,学者们大都根据自己的研究需要,设定关系嵌入的测量指标,对于关系嵌入的测量使用多种方法,没有达成一致性的结论。因此,我们依然不清楚关系嵌入的具体内涵或者具体表现形式。(2)以往研究关注的焦点集中在关系嵌入的积极作用,大多忽视了关系嵌入可能存在的负面作用。尽管格兰诺维特和乌兹等学者从理论上指出了关系嵌入可能的负面影响,相关的实证研究仍然比较缺乏,这些观点依然没有得到实证的有力支持。(3)制度因素作为影响企业或者企业间交易的重要因素,如何去影响嵌入关系情景下的企业行为和企业绩效,在当前的研究中依然是个空白。

基于以上研究存在的问题和不足,我们提出了图3-1所示的概念模型,提出了以下研究内容:(1)通过文献梳理和企业访谈总结,本书重新定义了渠道交易关系中,渠道成员对嵌入关系的定义和理解,界定了企业间嵌入关系的内涵和测量构件。这为我们进一步进行企业间嵌入关系动态性的分析提供了理论基础。(2)基于社会嵌入理论,本书从供应商的视角,检验了渠道成员间关系嵌入不对等对供应商企业绩效的影响作用,同时讨论了企业间关系嵌入的积极和消极作用。(3)本书从交易成本理论和制度理论出发，同时检验了契约完备性和法律体系的不完备性对于上述交易关系的调节作用。

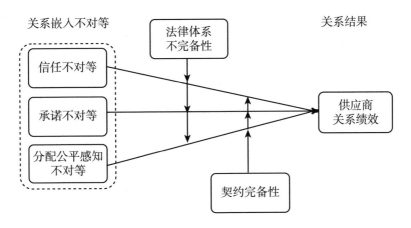

图 3 - 1　本书的概念模型

3.3　假设提出

3.3.1　供应商与分销商间关系嵌入不对等对供应商关系绩效的影响

当供应商和分销商之间信任存在差异时，关系双方就面临着信任不对等的局面。相对于分销商对供应商的信任而言，当供应商更多地信任分销商时，供应商就面临着信任劣势；相反地，相对于分销商对供应商的信任而言，当供应商较少地信任分销商时，供应商就面临着信任优势。

我们认为供应商的信任劣势会给供应商的绩效带来负面影响。首先，当供应商更多信任分销商时，供应商单方面地预期分销商不可能采取机会主义行为，相信分销商更不会以牺牲共同利益为前提来追求个体利益。这时，供应商可能会放松对合作伙伴行为的监管，这样在无形之中可能会纵容合作伙伴的机会主义行为。其次，当供应商更多信任分销商时，其可能会增加对当前交易关系的专项投入。供应商较多的关系投入可能会成为"质押"。这些质押有可能成为合作伙伴用来要挟供应商的条件，从而限制供应商的灵活性和谈判能力，不得不作出利益的让步，而一旦双方合作关系破裂，这些投入将无法收回，供应商也可能遭受损失；最后，当供应商过度信任合作伙伴时，会对合作伙伴更加公开自己的私有信息，包括自己的商业机密、企业间经营和决策的详细细节及自己面临的挑战等（McEvily & Marcus，2005；Dore，1983；Ouchi，1979），而这些信息一旦被合作伙伴泄露给竞争者，供应商将遭受重创。

相反地，供应商的信任优势则会给供应商的绩效带来积极影响。首先，供应商的信任优势使得供应商可以更加有效地按照自己的经营需要向分销商提出要求，由于分销商更多地信任供应商，因此供应商的要求都会得到分销商的响应和配合，从而更加有利于供应商的企业经营，从而提高企业绩效。其次，由于分销商对当前的交易关系具有更多的情感"惯性"，因而他们不会也不能轻易转换合作伙伴，这样一来，打消了供应商对分销商机会主义行为的顾虑，从而节省了很多监管的投入，可以专注于双方合作或者市场拓展方面的工作中，这样也会促进供应商绩效的增长。最后，供应商的信任优势使得供应商可以根据关系外部市场的变化，灵活地调整自己的经营策略，能够及时获取外部信息和更好地利用外部机会（Ahuja，2000），从而提高企业绩效。

由此，我们提出如下假设：

H1a：在供应商和分销商关系中，供应商的信任劣势与供应商的关系绩效负相关。

H1b：在供应商和分销商关系中，供应商的信任优势与供应商的关系绩效正相关。

在渠道关系发展过程中，渠道成员之间的态度性承诺往往是存在差异的。当供应商对当前关系的承诺高于分销商的态度性承诺时，供应商就面临着承诺的劣势，反之，供应商就具有承诺优势。

我们预期，供应商的承诺劣势可能会为供应商的企业绩效带来一系列负面影响。首先，供应商的承诺劣势使得较高的供应商承诺无法促进双方的合作。这是因为尽管供应商基于承诺而加强对当前交易关系的投入，并预期在将来获取更好的收益，然而分销商较少的承诺使得分销商不愿意进一步响应供应商的关系投入，更不会采取有利的行为来帮助供应商实现目标（Gundlanch et al.，1995；Jap，1999）。因此，当供应商面临承诺劣势时，供应商的承诺不会带来分销商的响应，也无法通过协同效益来促进交易目标的实现并提高企业的绩效（Roy，Sivakumar & Wilkinson，2004）。其次，当供应商处于承诺劣势时，分销商具有很高的意愿来脱离当前的交易关系，分销商可能会利用供应商对良好关系的意愿和承诺来压榨供应商的利益，比如对供应商误导、让供应商承担更多的合作成本以及从关系中分享更多的利润等（Ross，Anderson & Weitz，1997），从而使得供应商的绩效遭受损失。

相反地，我们预期供应商的承诺优势会增加供应商的企业绩效。首先，当供应商面临承诺优势时，分销商更愿意维持当前的交易关系，也愿意为了保护当前的交易关系忍受合作伙伴某些程度的违约和食言，这就增强了分销商主动合作和协调的意愿，更加有利于供应商对分销商的管理，供应商可以非常容易地获得分销商对自身经营战略和目标的认同（Brown，Lusch & Nichlson，1996），最终促进供应商绩效的增长。其次，当供应商面临承诺优势时，供应商可以利用分销商维持关系的意愿，在当前的交易关系中获得相对较多的利益分配，这也有利于供应商绩效的增长（Gulati & Sytch，2007）。

由此，我们提出如下假设：

H2a：在供应商和分销商关系中，供应商的承诺劣势与供应商的关系绩效负相关。

H2b：在供应商和分销商关系中，供应商的承诺优势与供应商的关系绩效正相关。

分配公平源自亚当斯（1965）的公平理论和布劳（1964）的社会交换理论。这两个理论指出，在社会交换过程中，企业趋向于采取在交易关系中的投入和回报的比率来评估当前交易关系中的公平（Janssen et al.，2010）。因此，分配公平是企业对从合作关系中获取的收入和其他结果的公平性感知（Kumar et al.，1995），分配公平反映了企业从交易关系中获取的利益分配相对于其投入、承担的责任是成比例的。公平理论指出，企业的分配公平感知为企业重复交易意愿提供了认知上的动力（Luo，2007）。公平理论指出，当企业认为他们的努力和付出与从当前交易关系中获取的回报成比例时，企业就愿意继续维持当前的交易关系（Luo，2005）。当企业认为交易关系的结果分配不公平时，可能会降低企业继续合作的动机，甚至采取对合作伙伴不利的行为，最终带来企业间冲突、不稳定的依赖甚至交易关系的破裂（Luo，2005；Johnson，Korsgaard & Sapienza，2002）。

供应商和分销商间的分配公平感知存在差异时，供应商和分销商就面临着公平感知不对等的局面。当供应商对当前交易关系的公平感知高于分销商对当前交易关系的公平感知时，供应商就面临公平感知劣势的局面。此时，我们预期，供应商的分配公平感知劣势会对供应商的绩效产生消极影响。陆（2005）指出，企业间合作关系中，单方面的分配公平感知无法真正有效地建立一个健康的关系，促进企业间的合作从而获取更好的回报。这是因为单方面的公平感知无法有效抵消企业间的冲突以及企业交易中的目标不一致。一方面，供应商的分配公平感知促进了供应商维持当前交易关系的意愿。为了能够维持当前的交易关系，供应商会主动作出一些利益上的让步，对分销商进行示好。然而，由于分销商对交易关系较低的分配公平感知，分销商可能会把供应商的让步或者主动示好认为是理所当然的，因而不会采取互惠性的方式。另一方面，分销商对交易关系较低的分配公平感知可能带来一系列负面的情绪，甚至增加分销商与供应商之间的冲突并阻碍企业间关系合作，从而降低供应商的绩效（Kumar et al.，1995）。

相反地，当供应商对当前交易关系的公平感知低于分销商对当前交易关系的公平感知时，供应商就面临着公平感知优势。在这种情景下，我们预期供应商的公平感知优势会促进供应商的企业绩效增长。一方面，供应商对当前交易关系较低的分配公平感知使得供应商会不断与分销商进行谈判或冲突（Brown et al.，2006），提出更多的要求，甚至采取一些机会主义行为来追求自身的个人利益。另一方面，分销商对当前交易关系的分配公平感知增强了分销商对当前交易关系的满意度以及对与供应商合作的信心（Brown et al.，2006），从而促进了分销商对当前交易关系的长期导向和关系行为（Griffith et al.，2006），如加强了对交易关系的资源投入和知识转移，这些都有利于供应商绩效的增长；进一步地，当分销商对供应商的分配公平感知较高时，会更加灵活地来处理与供应商之间的问题以及供应商的要求，如接受供应商的苛刻的合作条件、作出让步甚至暂时忍受供应商的机会主义行为（Griffith et al.，2006）。因此，供应商的公平感知优势一方面为供应商谋取个人利益提供了动机，另一方面也为实现个人利益提供了机会，从而有利于供应商绩效增长。

由此，我们提出如下假设：

H3a：在供应商和分销商关系中，供应商的分配公平感知劣势与供应商的关系绩效负相关；

H3b：在供应商和分销商关系中，供应商的分配公平感知优势与供应商的关系绩效正相关；

3.3.2　契约完备性的调节作用

完备化的契约条款有利于促进交易双方角色明确和责任划分，合作双方都会自觉遵守双方事前的约定，履行自己的义务，这就确保交易双方合作的正常有序，有利于减少企业决策者面临的不确定性和来自合作伙伴的机会主义行为的风险；进一步完备化契约具有很好的权变适应性，这就使得合作双方都可以从容有效地处理预期之外的状况（Luo，2002）。因此，完备的契约指明了交易双方的责任和义务，为合作双方的日常交易行为提供了明确的方式，同时也为交易双方处理和应对预期之外的事情提供了调整的余地；相反地，不完备的契约则带来交易双方责任的模糊性，有可能滋生一系列的问题。在不完备的契约下，企业推卸或者逃避责任，或者狡猾地为合作伙伴强加责任的，都会增加企业间的冲突，减少企业间的协调、资源的利用和战略实施（Luo，2002）。

当交易关系中契约的完备性较高时，可以有效减少供应商信任劣势所带来的风险。首先，完备化契约能够有效防范供应商因过多信任分销商而疏于监管所带来的机会主义的风险。这是因为完备化契约的存在，规定了双方合作的目标和范围，清楚地界定了任何一方的责任和义务，阐明了交易双方处理事情和争端的规则和程序（Gong et al.，2007）。因此，完备契约的存在使得交易双方只能按照契约中事先约定的方式进行交往，有效地限制了交易双方的机会主义行为，分销商无法利用供应商的信任来逃避和推卸自己的责任，更无法利用供应商的信任来对供应商"寻租"或"剥削"（Lazzarini，Miller & Zenger，2010）。其次，完备化契约能够降低供应商信任劣势，避免出于对分销商的信任进行过多关系专项投资而面临着被"锁定"的风险。这是因为完备化契约能够有效降低双方的合作不确定性，从而能够有效保护供应商因为过度信任而进行的专项投资，避免因关系破裂而遭受损失（Mayer & Argyres，2004）。完备化的契约通过权变性条款的适应性调整，能够为交易双方处理由特定环境引起的合作关系变化指明方向。当双方的合作复杂性增加时，完备化契约能够保证合作双方进行重新谈判和重构合作机制，从而有效保证合作的进行。因此，在完备化契约下，供应商信任劣势所带来的被"锁定"的风险会大大降低，从而减弱对其企业绩效的负面作用。

相反地，当供应商和分销商关系中契约完备性较低时，供应商信任优势对供应商绩效所产生的积极作用就会加强。这是因为：一方面，较低的契约完备性意味着在合作过程中，供应商和分销商各自需要承担的角色、责任和义务都无法被清晰地界定和划分。在合作过程中，出于对供应商的高度信任，分销商可能会在合作过程按照供应商的指示和要求承担更多的义务和投入，从而有利于供应商的企业绩效。另一方面，不完备的契约中同样缺少了冲突和争端的处理机制，这就意味着契约无法有效地处理双方争端，更无法通过契约条款来对违约的一方进行必要的惩罚，这就使得供应商可以利用分销商对供应商的信任来寻求自身利益，比如要求分销商承担更多的投入，而自身却从交易中获取更多的回报，甚至采取机会主义行为来追求"不成比例"的利润，而不需要去顾忌这些行为可能会受到契约的惩罚。

由此，我们提出如下假设：

H4a：相对于高契约完备性，在低契约完备性下，供应商信任劣势对供应商关系绩效的负向作用更强。

H4b：相对于高契约完备性，在低契约完备性下，供应商信任优势对供应商关系绩效的正向作用更强。

较高的契约完备性有助于降低供应商承诺劣势对其绩效的负面影响。第一，完备化契约能够有效减少供应商和分销商之间的目标不一致。完备化的契约作为一种正式的控制机制，通过企业合作过程中角色模糊性的降低、冲突的解决，促进企业间的目标一致性（Kok & Creemers, 2008）。因此，较高的契约完备性下，基于双方较高的目标一致性，尽管供应商处于承诺劣势，供应商单方面较多的承诺依然可以在合作伙伴间产生协同效应，促进交易双方的共同协调和深入合作，有助于企业绩效的提升。第二，较高的契约完备性能够保护供应商处于承诺劣势时自身利益不受损失。完备的契约具有更强的法律约束力，完备的契约中的条款可以覆盖关系的每个方面，而且具体的契约条款也便于解释和实施（Woolthuis et al.，2005）。这样一来，当供应商处于承诺劣势时，即便是供应商对分销商作出了更多的承诺，慑于完备契约的法律效力，分销商也很难采取行为来侵占供应商的利益。因此，供应商和分销商关系中的契约完备性较高时，能够有效缓解供应商承诺劣势对其绩效的负面影响。

相反地，较低的契约完备性则会促进供应商承诺优势对其企业绩效的正向作用。这是因为不完备的契约具有较少的契约条款或者契约条款的可观测性和可验证性程度较低，缺少法律约束力（Woolthuis et al.，2005），这就导致了交易关系中的分歧或争端有更多种解释的可能性。在这种情况下，供应商具有的承诺优势使其可以随意地利用分销商的承诺来迫使分销商忍受更多的违背协议的行为甚至机会主义行为，从当前交易关系中获取更多的收益（Ross, Anderson & Weitz, 1997），而免受契约的惩罚；进一步地，研究指出，当供应商感知到分销商对关系的承诺比自身的承诺更多时，供应商就会觉得自身对交易关系更有价值，因而也会要求从当前的交易关系中获取更多的利润（Ross，Anderson & Weitz，1997）。此时，较低的契约完备性就为供应商从当前交易关系中获取不合理收益提供了有利条件，使得供应商的愿望成为现实。

由此，我们提出如下假设：

H5a：相对于高契约完备性，在低契约完备性下，供应商承诺劣势对供应商关系绩效的负向作用更强。

H5b：相对于高契约完备性，在低契约完备性下，供应商承诺优势对供应商关系绩效的正向作用更强。

完备化的契约能够有效减少供应商公平感知劣势对其绩效带来的负面作用。首先，完备化的契约条款有利于供应商和分销商设定合作目标，明确预期，降低彼此之间的误解，促进企业间的相互合作（Samaha et al.，2011）。因此，当供应商处于公平感知劣势时，完备化的契约能够有效缓解分销商较低公平感知所带来的一系列负面情绪，降低企业间的冲突，从而有效保护双方的正常合作。其次，完备化的契约为企业间的合作提供了法律约束，减少了合作伙伴的机会主义行为（Woolthuis，Hillebrand & Nooteboom，2005）。因此，较高的契约完备性下，分销商也无法利用供应商的公平感知劣势来采取机会主义行为，从而减少了分销商因较低公平感知而产生的报复对供应商绩效的负面影响；最后，完备化契约中通常会包含更多开放性的或者权变性的条款，这样一来可以有效促进交易双方更好地作出有价值的调整（Mooi & Ghosh，2010），特别是当供应商处于公平感知劣势时，完备化契约的权变适应性为交易双方进行重新谈判提供了余地和空间，可以及时有效地处理双方的分歧，确保双方的交易按照预期正常开展。

相反地，较低的契约完备性会加强供应商公平感知优势对其企业绩效的正向作用。一方面，当交易关系中契约完备性较低时，意味着交易无法通过契约来有效地管理和规范双方的交易。在这种情况下，分销商更加将当前交易关系中公平感知的程度作为依据来判断当前交易关系对自己的价值。由于较高的分销商公平感知使得分销商对当前交易关系更加满意，并愿意继续加深合作以希望获取更多的收益。因此，交易关系中契约完备性较低时，分销商较高的分配公平感知更加能够强化分销商合作动机和协调的意愿，从而有利于供应商绩效的提升。另一方面，较低的契约完备性也使得供应商可以更方便地利用分销商对自己较高的公平感知所带来的持续关系和作出短期牺牲的意愿，能够容易地为实现自己的目标而调整合作方式。

由此，我们提出如下假设：

H6a：相对于高契约完备性，在低契约完备性下，供应商分配公平感知劣势对供应商关系绩效的负向作用更强。

H6b：相对于高契约完备性，在低契约完备性下，供应商分配公平感知优势对供应商关系绩效的正向作用更强。

3.3.3　法律体系不完备性的调节作用

当外部法律体系不完备性较高时，企业的机会主义行为或者违背协议的行为无法受到法律体系的惩罚。这样一来，法律体系的不完备性就加强了供应商信任劣势对企业绩效的负向作用。首先，法律体系的不完备性助长了分销商利用供应商信任来满足个体收益或者剥削供应商的动机，使供应商的绩效受到直接的影响；其次，当供应商意识到自己处于信任劣势，同时又无法通过法律手段来保护自己的合法利益时，供应商就会面临着自身成为分销商机会主义行为对象的担忧，为了避免自己受到损失，供应商可能会采取故意报复行为，这样就会损害供应商和分销商之间的合作，从而使得供应商从当前关系中的收益降低；最后，外部法律体系不完备性同时使得企业的知识产权无法得到有效的保护（Luo，2005；Zhou & Poppo，2007），这就会加重供应商因对分销商过于信任而公开一些机密或者关键信息所带来的损失。

外部法律体系不完备性较高时，加强了供应商信任优势对其企业绩效的正向作用。一方面，缺少了外部法律的强力威慑，供应商能够充分利用分销商对自己的信任，对分销商进行剥削，获取不成比例的收益，与此同时，分销商无法通过外部法律来对供应商进行惩罚；另一方面，分销商对供应商的高度信任使得分销商已经向供应商共享或者公开了许多自己的私密信息。由于外部法律无法有效地保护企业的专利或者知识产权，因而为了避免自己的报复行为激怒供应商而遭到更加严重的损失，分销商也只能暂时接受供应商的"剥削"行为。

由此，我们提出如下假设：

H7a：相对于低法律体系不完备性，在高法律体系不完备性下，供应商信任劣势对供应商关系绩效的负向作用更强。

H7b：相对于低法律体系不完备性，在高法律体系不完备性下，供应商信任优势对供应商关系绩效的负向作用更强。

当外部法律体系不完备性较高时，会加强供应商承诺劣势对其企业绩效的负向作用。首先，外部法律体系的不完备性使得供应商更多地陷入"锁定"的风险。这是因为供应商对分销商较多的承诺使得供应商在交易中更愿意采取比如个人关系和双边沟通等社会控制方式来处理双方合作过程中的争端，而且随着供应商对分销商承诺的增加，双方会越来越多地认为契约对于双方关系来讲不是必需的（Gilliland & Bello，2002）。关系中正式或者契约控制的缺乏，再加上外部法律体系的不完备，都使得供应商在承诺劣势下自身的利益更加没有保障，因而加剧供应商因过多承诺而遭受的损失。其次，较高的外部法律体系不完备性意味着法律体系无法有效地保护企业的知识产权和所有者权益，更无法有效地处理企业间的利益纠纷。当供应商处于承诺劣势时，供应商对分销商较多的承诺使得供应商愿意增加对当前交易关系的投入，如资金、技术和设备等，而分销商较少的承诺使得分销商不愿意对当前关系作出投入，甚至可能更换合作伙伴或者终止交易关系，这就也意味着供应商的投入可能成为一种"质押"。因此，在较高的法律体系不完备性增强了供应商承诺劣势时，分销商就会采取行动来侵占供应商的专项投资或者以此来作为"要挟"，供应商则无法诉诸法律，只能承受利益损失的风险。

相反地，外部法律体系不完备性会加强供应商承诺优势对其企业绩效的正向作用。一方面，分销商较多的承诺使得供应商和分销商关系中正式控制较少，而非正式控制较多，这就为供应商在外部法律体系不完备下采取剥削和机会主义行为提供了可乘之机；另一方面，较高的外部法律体系不完备性对保护企业知识产权和所有者利益方面的效率不足，也为供应商侵占分销商对当前交易关系的投入提供了便利。

由此，我们提出如下假设：

H8a：相对于低法律体系不完备性，在高法律体系不完备性下，供应商承诺劣势对供应商关系绩效的负向作用更强。

H8b：相对于低法律体系不完备性，在高法律体系不完备性下，供应商承诺优势对供应商关系绩效的正向作用更强。

当外部法律体系不完备性较高时，供应商公平感知劣势对其企业绩效的负面影响作用更强。当供应商公平感知较高时，供应商对当前交易关系的利益分配是满意的，认为当前交易关系中自己的投入和回报是对称的，因而供应商愿意保持交易关系，并期望继续从当前的交易关系中获取回报；相反地，当分销商分配公平感知较低时，分销商对当前交易关系的利益分配结果感到不满意，甚至认为供应商不合理地占有了本该属于自己的利益，因而分销商就会试图采用一些不合理手段从当前交易关系的其他方面获取利益，以弥补自己的利益"损失"。由于外部法律体系不完备性较高，法律对于企业违背契约或者采取不合理手段侵占合作伙伴利益的处罚力度较小甚至缺少。因此，分销商就更加可以大胆地来实施自己的利益补偿行为，而不用担心受到法律的制裁。

相反地，当外部法律体系不完备性较高时，供应商的公平感知优势对其企业绩效的正向作用更强。这是因为，供应商较低的分配公平感知为其采取不合理手段从当前交易关系中攫取利润提供了动机，加上分销商的高分配公平感知使得分销商对当前交易关系的收益感到满意，因此，可能为了继续从交易关系中获取收益而乐意忍受和让步，这都为供应商的利益攫取行为提供了机会；进一步地，外部较高的法律体系不完备性大大降低了供应商因攫取不合理利益而受到的惩罚或者需要支付的成本。因此，供应商的公平感知优势和较高的法律体系不完备性使得供应商的"剥削"行为成为可能，而无须"支付"昂贵的成本。

由此，我们提出如下假设：

H9a：相对于低法律体系不完备性，在高法律体系不完备性下，供应商分配公平感知劣势对供应商关系绩效的负向作用更强。

H9b：相对于低法律体系不完备性，在高法律体系不完备性下，供应商分配公平感知优势对供应商关系绩效的正向作用更强。

第 4 章

研究方法

　　为了检验上一章中所提出的概念模型和各项假设，本书将进行实证研究。本章是对实证方法的说明，首先，详细介绍了问卷调研和数据收集的全过程和基本情况；其次，介绍本书所使用的变量的测量指标及其选择依据，其中一部分变量的测量指标主要参考了以往的研究成果和企业访谈信息，并结合本研究的实际需要进行重新开发，另一部分变量的测量指标则采用了前人的成熟量表；最后，介绍验证概念模型和假设所需要用到的统计方法。

4.1　实证分析的数据搜集

　　针对第 3 章中所提出的概念模型和假设，本研究采用统计调查研究的方法，通过发放调查问卷获得相关的数据，而后采用统计分析方法来检验概念模型和假设。采用大规模问卷调研的方式是基于如下的考虑：（1）发放调查问卷的方法广泛应用于社会学、经济学、管理学和心理学等学科的研究，在现有的营销学研究中，有关企业间交易关系的实证研究主要采用了大规模问卷调研的方式；（2）通过大规模的问卷调研，能够收集大样本的数据；（3）通过问卷调研方式可以获得定量的数据，这些数据能够应用于统计分析，而且与试验研究相比，问卷取得的数据更符合经济活动的真实情景，研究结论的外部效度较高（李怀祖，2004）；（4）在存在样本误差的情况下，来自问卷调研的信息更为准确（Kerlinger & Lee，1999）。综合以上因素，本书将通过大规模的问卷调研获得实证所需要的数据，并采用相应的统计方法来验证本书提出的概念模型和假设。本章将详细阐述问卷调研的具体过程以及样本的基本信息。

4.1.1 问卷设计

问卷调研中一个关键的环节是问卷的设计。本书包括新变量的指标设计和原有变量的指标设计，以及问卷的整体编排。下文将分别进行阐述。

1. 问卷设计

调查问卷的设计是问卷调研过程中一个重要的环节，首先，根据调研目的来设计结构化的问卷，其次，采取随机抽样或整群抽样的方式来选择调查样本，再次，通过调查员对样本的调查来获取问卷的反馈信息，最后，通过统计分析得出分析结果。

在本研究中，鉴于目前关于企业间交易关系的研究文献主要来自国外学者，我们在选取变量的测量指标上主要参考了相关的国外研究文献。采用现有研究中指标的优势在于这些指标都经过了实证研究，得到了相关研究领域学者的赞同，具有良好的可靠性和有效性，便于进行深入的实证分析（Sudman & Bradburn，1982）。同时，采用已有的量表也便于我们将实证检验结果与以往研究进行对比分析。因此，我们根据相关领域中有关信任、承诺、公平感知和关系绩效等方面的研究，设计了结构化的调查问卷。

由于问卷最初是英文的，而调研是在中国进行的，所以采用了帕拉梅斯瓦兰和亚普拉克（Parameswaran & Yaprak，1987）所推荐的方法，首先，找了3位营销学博士生将问卷翻译成中文。在这一过程中，先由每一位营销学博士生翻译自己所熟悉的内容，而后展开小组讨论，逐一核对，以确保翻译的准确性。其次，再选了另外 3 位管理学博士生将中文问卷再翻译回英文，通过对原文以及翻译后的问卷进行对比和分析，修改了可能混淆的问题，以此确保翻译后的中文问卷如实地反映了原始英文问卷的问题。

2. 问卷编排

在完成所有研究变量的指标设计之后，我们重新对问卷进行了布局。在问卷整体的布局、问题的描述以及填写方式上，我们首先参考了国内外问卷调研的通用做法，同时考虑了以往调研的经验和本次调研的企业现状，结合国内企业的实际情况以及问卷填写人的阅读习惯，对问卷内容进行了多次调整。为了避免由于问卷编排导致问卷填写人可能会对题项作出不准确的回答，保证和提高问卷填写的有效性，本研究采取了多种解决措施：第一，采用结构化的问卷，回答方式包括填空题和选择题两个类型，选择题均采用李克特（Likert）7 分值量表。同时，由于问卷涉及企业间交易关系、契约完备性、关系绩效等多个方面，本研究将不同类型的问题区分成多个类别，便于问卷填写人理解和填写。第二，采用关键信息员的方式，要求企业中熟悉相应关系的中高层管理人员来填写问卷，以确保问卷填写人清楚地了解填写问卷所需要的所有信息。第三，为了减少问卷填写人回答关键问题的担忧（问卷填写人熟知相关信息，但由于某种原因不愿意如实填写），对于一些自愿性问题，本研究在问卷开头就明确承诺和保证所收集的信息为企业秘密，决不会透漏给其他任何组织或个人，信息仅用于对中国渠道关系研究的宏观统计分析，不涉及对个别企业渠道关系的案例研究。第四，同时承诺，如果问卷填写人感兴趣或者需要，将与其共享本次调研所有研究结果。通过这些工作，可以使问卷填写人员理解调研的目的，消除对调研的排斥心理，提高其参与调研的积极性。第五，为了帮助问卷填写人准确、有效地理解问题并填写问卷，本研究在每一份问卷中都附上了详细的填写说明，全面解释应该如何填写这份问卷。

3. 预调研

在问卷初步设计完成之后，我们随机性地选择了西安地区的 10 家企业作为预调研的对象。进行预调研的目的在于：（1）保证问卷的内容能够包含本次拟定研究的所有变量；（2）在展开正式调查之前，提前消除问卷设计和问题描述等方面存在的问题，使本次调查的结果更加真实。问卷预调研主要采取了现场调查的方式，这种方式有助于及时获得问卷填写人员对问卷的认识和意见，便于对问卷进行进一步的修改。预调研选择了制造商企业的销售经理和分销商企业的采购经理作为对象，这是因为他们多数都有 5 年以上的相关管理经验。调查人员首先向问卷填写人员解释如何填写问卷，并在调查过程中，对问卷填写人员所提出的问题作出明确而具体的回答。同时，在问卷填写人员填写完之后，与其进行深入的交谈，认真听取他们的意见和建议，包括问卷的结构安排是否合理、是否方便填写、问题描述是否便于阅读和理解、是否存在不容易理解的描述、问题题项是否与企业现状一致等。根据预调研的结果，对问卷进行了认真的调整，确保无误后生成了最终的问卷。为了确保数据的真实性和有效性，预调研中所获得的数据不包括在最终的分析样本中。

4.1.2 调研对象的选择和调研过程

1. 调研对象的选择

根据本书的研究需要，本次调研决定选择制造商—分销商为具体研究对象，并从双方互动的角度开展研究。在行业的选择上，决定选择单一行业作为调研对象，这样一方面能够消除行业特征的影响，另一方面也便于问卷填写人员完成问卷。具体来说，调研选择中国家用电器行业为调研行业，这是因为经过 30 多年的快速发展，家电行业已经成为一个发展成熟、市场化程度较高和竞争相对充分的行业，能够代表供应商和分销商关系的具体情况，具有研究的代表性和普遍意义。所以，本研究的调研对象最后被确定为中国家电行业的制造商和分销商。

2. 调研过程

本研究的配对样本数据收集过程如下：我们先从中国家用电器企业名录中随机抽取了 1200 多家家电制造企业，并与企业进行电话或者邮件联系，以询问企业是否愿意参加本次调研。在选择的 1200 家企业中，有 746 家表示愿意参加我们的问卷调研，并告知了企业中负责处理与分销商关系的员工的名字和联系方式。然后，我们向这 746 家家用电器制造企业邮寄了调研材料，包括：一份正式的问卷；关于调研目的、问卷填写要求和过程的说明书；写好回寄地址并贴好邮票的信封。在第一批问卷邮寄出 3 周以后，我们与没有返回问卷的企业进行了联系，询问了没有寄回问卷的原因，并再次说明我们的目的，鼓励这些企业参与本次调研，并再次邮寄或发送了问卷；在第二批问卷寄出 3 周以后，对那些仍旧没有寄回问卷的企业再次进行了联系，提醒其尽快填写并寄回问卷。经过 3 次重复的问卷发放和回收，我们共收到 269 份问卷，剔除了那些填写不完整的无效问卷后，获得了 255 份有效问卷，有效回收率为 34.2%。

随后，将分销商问卷邮寄给上述 255 家制造商指定的分销商。由于分销商的问卷回收直接影响了配对样本的最终数量，于是在这轮搜集过程中投入了更多的努力。除了通过邮寄问卷的方式以及电话/传真/电子邮件提醒，另外还派出了 13 名营销管理专业的博士生（2~3 人 1 组），到分销商们所在的各个地区和城市，通过面对面的访谈确保问卷回收。最终我们共收回了 265 份问卷[①]，其中有效问卷 225 份，有效回收率为 84.7%。经过这些过程，此次调研获得了 225 对家电制造商和分销商的配对数据。

在接下来的问卷录入阶段，为了确保数据录入的准确性，我们采取了一些控制措施：（1）两位成员为一组，各自独立地录入同一份问卷；

---

① 由于个别分销商通过电子邮件和邮寄两种渠道同时返回了问卷，通过对比分销商名单后，对 10 份重复问卷进行了删除，实际回收问卷 255 份。

（2）通过专门编写的程序核对两位成员录入的结果是否存在差异，对存在差异的题项，核对原始问卷，纠正存在的错误；（3）随机抽查已核对完毕的问卷，进一步检查问卷录入的准确性。

4.1.3　样本的检验

为了判定所收集的样本数据是否有效，对样本总体可靠性和有效性进行了相应的检验。

1. 关键信息员资格审查

由于在问卷调研中采用了坎贝尔（Campbell，1955）建议的关键信息员（key informants）的方式，因此需要对其资格进行审查，以确保填写问卷的关键信息员熟悉所调研的内容。因此，本研究在问卷中专门包含了一些指标，用来检测问卷填写人员是否熟悉问卷内容。表 4－1 列出了关键信息员的部分基本信息。第一，采用了李克特 5 分值量表（"1"代表一点都不了解；"5"代表很了解），询问了问卷信息填写员是否熟悉本企业与分销商（供应商）的关系。供应商样本计算所得的均值为 4.87（标准差 =0.76），证明了所有的问卷填写人都清楚合作关系的情况；分销商问卷计算所得的均值为 4.58（标准差 =0.55），这说明问卷填写人员了解本企业与交易伙伴的关系。第二，从问卷填写人担任的管理职务上看，供应商问卷填写人员有 85% 为销售经理或总经理，15% 为专门的业务人员，分销商问卷填写人员有 75% 为采购经理或总经理，25% 为专门的业务人员。第三，供应商问卷表明，问卷填写人员参与该特定关系的平均时间为 2.63 年（标准差 =1.80），最长为 15 年，最短为 1 年；分销商问卷表明，问卷填写人员参与该特定关系的平均时间为 2.54 年（标准差 =1.47），最长的为 14 年，最短的为半年，这说明问卷填写人员对需要调研的特定关系十分熟悉。第四，制造商与分销商之间关系持续的平均时间为 4.90 年（标准差 =2.84），最短的为 1 年，最长的为 12 年。上述结果均表明问卷填写人员熟悉与供应商的关系。

表 4 - 1　　　　　　　　关键信息员的基本信息

基本信息	制造商问卷		分销商问卷	
	均值	标准差	均值	标准差
对指定交易关系的了解程度	4.87	0.76	4.58	0.55
参与关系时间	2.63	1.80	2.54	1.47
关系持续时间	4.90 (2.84)			

注：关系持续时间是从制造商问卷中获取的，括号中为标准差。

2. 问卷的效度分析

在问卷录入以后，为了验证问卷中问题的有效性，本研究按照吴明隆（2000）的建议，对问卷的效度进行了分析。具体的做法是将每个有效样本包含的所有问题的得分进行求和，计算出每个样本的总分，然后按照总分进行排序，分别将得分在前 27% 的样本和在后 27% 的样本作为高、低两个组，再计算出在高样本和低样本中每个问题的均值，最后对每个问题在高样本和低样本的均值进行 T 检验。如果高低样本间有显著的差异，说明这个问题的测量有效；如果高低样本间没有显著差异，则说明问题是无效的。本书 T 检验的结果表明，问卷中所有问题都具有显著差异。

3. 无偏性检验

为了确保调研回收的问卷具有代表性，对数据进行了无偏性检验（Armstrong & Overton，1977）。第一，对比了早期收回问卷和后期收回问卷中问卷填写人员的工作时间和职务信息以及被调研企业销售额、员工人数等题项的差异性，结果发现早期问卷和晚期问卷没有显著差异，说明前期和后期的问卷来自同一个样本，不存在样本偏差。第二，我们随机选取了 50 家没有寄回问卷的供应商企业，了解了有关员工人数、成立时间以及企业销售额等方面的问题，通过对比未寄回问卷企业的样本信息和寄回问卷企业的样本信息，T 检验结果说明两种样本在上述问题上没有显著差异。因此，在本次调研中不存在回收的偏差，调查回收的问卷有代表性。

4. 样本可靠性检验

样本可靠性检验主要包括：未回应偏差检验、共同方法偏差检验和回应者间差异检验。

（1）未回应偏差（non-response bias）。

未回应偏差关注的是回收样本与之前随机选择的样本在数据的统计分布上存在的显著差异，这种偏差的存在说明回收样本无法全面反映总体样本分布信息。以往的研究通常将那些经过催收后所回收的问卷视为"无回应"问卷，将主动寄回的问卷作为随机样本，对两类问卷样本信息的比较。通过 T 检验验证两类问卷在各题项上是否有显著差异（p < 0.05），如果存在显著差异，就证明存在未回应偏差（Armstrong & Overton，1977；Lambert & Harrington，1990）。我们整理了催收问卷企业的特征信息，并将这些信息与 190 份有效回收问卷进行比对，分析两类企业在员工人数、成立时间、股权类型和生命周期等方面是否存在显著差异。检验的结果表明这两类问卷之间不存在显著的统计差异。

（2）共同方法偏差（common method variance）。

如果所收集问卷的自变量和因变量都是由相同的被访问者填写，就可能带来共同方法偏差。本研究在调研过程中选择两个被访问者，分别填写关于企业自身层面和关系层面的调查问题，从根本上避免了同一份问卷的所有变量由同一个人回答带来的共同方法偏差。同时，为了避免认知差异带来的误差，在调研过程中，调研人员在收回同一个企业的两份问卷后对差异较大的问题进行确认，纠正由认知差异引起的偏差。

根据波德萨科夫和奥根（Podsakoff & Organ，1986）、波德萨科夫，麦肯齐和李（Podsakoff，MacKenzie & Lee，2003）的建议，对共同方法偏差的检验可以通过以下三种途径。

第一，我们利用相关系数检验指标的多相应稳定性，根据博耶尔和维尔马（Boyer & Verma，2000）的标准，如果所有指标之间的相关系数均大于 0.2 而且显著相关，那么该问卷就不存在共同方法偏差。

第二，我们对所有指标进行 Harman 单因子检验（Harman，1967；Podsakoff & Organ，1986），即对所有指标作一个未旋转的探索性因子分析（explorative factor analysis）。如果分析的结果中提取出了多个因子，且第一个因子解释的方差比例不高于 50% 时，可以断定共同方法偏差不会给研究结果带来实质性的威胁，即研究中不需要过度关注共同方法偏差问题。本书的变量一共包含了 25 个指标，我们将所有指标采用未旋转的探索性主成分因子分析方法进行分析，发现不存在一个主导性的单一因子，却有 6 个特征值均大于 1 的特征因子。我们进一步采用最大方差旋转法（varimax rotation）的探索性因子分析，结果出现了 6 个因子载荷值高于 0.7 的特征因子。通过对照以往的研究指标，我们发现这 6 个因子与我们之前设计的变量的指标区分是一致的，说明我们的指标设计是合适的（Waldman et al.，2004）。

第三，我们利用 AMOS 4.0 软件进行了验证性因子分析（CFA analysis）。首先我们建立一个测量模型和单因子模型。所谓的单因子模型就是把研究模型中所有观测变量的题项都合并到一个单一的潜变量中，其次通过比较这两个模型的拟合情况，验证构件之间的共同方法偏差。波德萨科夫和奥根（1986）曾经指出，如果共同方法偏差的确存在时，就可以用一个一般的因子来解释自变量和因变量之间绝大部分的方差。因此，如果单一因子模型的卡方值显著高于测量模型的卡方值，则证明数据不存在共同方法偏差（McEvily & Macrus，2005）。结果发现，测量模型的卡方值显著低于单一因子模型，证明了数据样本不存在共同方法偏差问题。

总之，以上三种数学统计方法的分析和检测表明，我们的样本数据没有受到明显的共同方法误差的影响。

（3）回应者间差异（inter-rater reliability analysis）。

我们对问卷进行了回应者间的差异性检验（Combs & Ketchen，2003），检验发现绝大部分指标不存在明显的不同回应者差异。因此，我们在随后的数据处理中，可以通过算术平均的方法，计算求得各变量的样本得分。

4.1.4　数据的基本特征

在完成问卷的录入以及对总体数据的检验以后，首先分析了数据的基本信息，包括：被调研企业的规模、所有制信息以及数据来源的地域分布等方面。

1. 被调研企业的规模

无论是从员工人数还是从年销售额上看，所调研企业都涵盖了大、中、小不同规模，不同规模的企业均在样本中占有一定的比例，如表4－2和表4－3所示。从企业规模的分布来看，本次调研覆盖了各种规模的企业，具有良好的代表性。

表4－2　　　　　　　　　　被调研企业的员工人数

员工人数（人）	制造商		分销商	
	数量（个）	百分比（%）	数量（个）	百分比（%）
1～100	30	13.9	62	28.7
101～500	59	27.3	82	38.0
501～1500	75	34.7	50	23.1
1501～5000	28	13.0	13	6.0
>5000	24	11.1	9	4.2
合计	216	100.0	216	100.0

表4－3　　　　　　　　　　被调研企业的年销售额

年销售额（千万元）	制造商		分销商	
	数量（个）	百分比（%）	数量（个）	百分比（%）
<1	15	6.9	31	14.4
1～5	32	14.9	35	16.2
5～20	81	37.5	77	35.6

续表

年销售额 （千万元）	制造商		分销商	
	数量（个）	百分比（%）	数量（个）	百分比（%）
20 ~ 100	42	19.4	48	22.2
>100	46	21.3	25	11.6
合计	216	100.0	216	100.0

2. 被调研企业的所有制性质

在企业的所有制类型上，被调研企业基本涵盖了目前国内的所有不同类型的企业。如表4-4所示，在被调研的制造商和分销商企业中，包括国有独资、中外合资、外商独资、民营企业、集体企业、股份公司、乡镇企业以及其他类型的企业，各类型企业都有一定的数量，这说明此次调研的企业具有一定的代表性。

表4-4　　　　　　　被调研企业的所有制类型

类型	数量		类型	数量	
	制造商（个）	分销商（个）		制造商（个）	分销商（个）
国有独资	26	18	集体企业	9	8
中外合资	19	8	股份有限	19	20
外商独资	20	3	乡镇企业	56	72
民营	22	51	其他	45	36

3. 被调研企业地域分布

从被调研企业的地域分布来看，本次调研的配对企业位于全国不同的省份，如表4-5所示。从表中可以看出，华北地区有60家，占26.7%；华中地区有37家，占16.4%；华东地区有40家，占17.8%；华南地区有55家，占24.4%；西北地区有33家，占14.7%。这表明，样本中被调研企业位于全国各地，能够反映目前中国家用电器行业的总体情况。

表 4 - 5		被调研企业的地域分布
所在地区	数量（家）	所占百分比（%）
华北地区	60	26.7
华中地区	37	16.4
华东地区	40	17.8
华南地区	55	24.4
西北地区	33	14.7
合计	225	100

4.2　研究所涉及因素的度量

4.2.1　度量指标选择的基本原则

研究变量的测量指标设计是进行实证检验的关键环节和决定因素。统计分析结果的有效性和真实性往往取决于度量指标设计的准确与否。为此，在设计信任、承诺、公平感知和经济绩效的度量指标时，我们仿照了以往研究采取的策略。

首先，优先使用在相关研究领域中已经使用过的度量指标，这些指标可以通过文献检索来获得。这是因为这些度量指标都经过了实证检验，得到了相关领域研究人员的认同，具有良好的信度和效度（Sudman & Bradburn，1982）。例如，现有研究对信任、承诺、公平、契约完备性和法律体系不完备性等变量的定义和度量都比较成熟，因此，我们就直接使用这些现成的、已经过验证的指标。

其次，由于本书主要研究变量的度量指标都来自国外的研究文献，因此，我们在翻译的时候选择了具有良好英语功底，同时熟悉市场营销领域知识的专家进行指标的翻译，并对文字的描述方式进行了调整，尽量保证在不改变原文意思的前提下，使问题的描述更加符合中国人的阅读习惯。

最后，大多数英文论文往往是对外国环境进行分析的，只适用于外国的情景，可能无法反映中国的研究情景。为此，在能够找到针对中国环境进行研究的外文文献的情况下，我们优先选择这些文献中的度量指标。如果实在没有专门针对中国情景的研究文献，我们就对外国情景中的度量指标进行特殊的修改以满足中国环境的测量需要。

以下针对研究中的每个因素，说明本研究选择的度量指标及其依据。

4.2.2 因素的度量指标及其依据

本研究的主要因素包括供应商和分销商的信任、承诺、公平感知、契约完备性、法律体系不完备性和经济绩效。在选择恰当的度量指标时把握两点：第一，他们不是简单的"有没有"的概念，而是具有一定程度差异的概念；第二，这些因素的测量无法通过定量的刻度来反映，而只能依靠定性的、个体感受来测量。结合以上特点，本研究用李克特7分值量表来度量这些因素。参与人按 1 ~ 7 来衡量指标描述的情况与企业实际情况的吻合程度，"1"表示与现实最不吻合，"7"则表示与实际最吻合。得分在 2 ~ 6 则为中间状态。采用李克特量表的好处在于：第一，可以灵活把握问卷语句长度；第二，能够减少多个指标都用到的词组（或者语句），使得问卷的排列更简洁；第三，可以让问卷填写人员简单和快速地完成一份问卷；第四，通过这种方法，我们不仅可以获得每一个指标的得分，同时还能获得多个指标所代表的构件的总体得分。

另外，根据邱吉尔（Churchill，1979）的建议，在实证研究中，对于一个构件的测度至少应当包括两个或者两个以上的指标，因为采用多指标测度比单一指标测度更能全面地反映构件的信息。因此，在本研究中，对能够采用多指标测度的构件，均采用了多指标测度的方式。

本书涉及供应商和分销商的信任、承诺和公平感知，供应商的关系绩效、交易关系内部的契约完备性和外部法律体系不完备性以及一些控制变量，下文将详细阐述这些因素的度量指标。

1. 关系嵌入不对等

本书中我们没有对关系嵌入采取直接的测量，而是利用信任、承诺和公平感知三个二级变量来反映和测量供应商和分销商关系中的关系嵌入不对等。在测量关系嵌入不对等时，我们基于以往研究依赖不对等的计算方法，首先分别计算供应商和分销商双边的信任、承诺和分配公平感知的平均值，再计算供应商的信任、承诺和公平感知与分销商的信任、承诺和公平感知的相对差异来计算嵌入不对等。当供应商的信任大于分销商的信任时，为供应商的信任劣势；相反，当供应商的信任小于分销商的信任时，为供应商的信任优势；按照同样的计算方法，分别计算得到供应商的承诺劣势和优势以及供应商的分配公平感知劣势和优势。

（1）供应商和分销商的信任。

信任被定义为交易方对其交易伙伴的积极期望（Yu, Liao & Lin, 2006），认为其交易伙伴可信赖、言行一致、会完成答应的角色任务（Anderson & Narus, 1990；Dwyer & Oh, 1987），并且真诚关心他人收益，有动机寻求共同财富（Andaleeb, 1996；Anderson & Narus, 1990）。基于库马尔等（1995）的测量指标，我们修正了 5 个指标来测量供应商和分销商的信任：我们相信该经销商/供应商在作决策时会考虑我们的利益；我们相信该经销商/供应商真诚地关心我们企业的成功；我们相信该经销商/供应商不会欺骗我们；该经销商/供应商非常有诚意地信守其承诺；该经销商/供应商通常都履行对我们公司许下的承诺。

（2）供应商和分销商的承诺。

对承诺的定义比较多，摩根和亨特（1994）的定义是被大多数学者认同的一种。他们将承诺定义为关系中一方维持一种有价值的关系的愿望。期望的持续性和增强关系的意愿是承诺的两个重要方面。承诺包含了发展稳定关系的愿望，作出短期牺牲维持关系的意愿和对关系稳定性的信心（Anderson & Weitz, 1992）。基于以上的研究，我们采取了 5 个指标来测量供应商和分销商的承诺：即使其他经销商/供应商提供更好的交易条件，我们也不愿终止和他们的关系；我们和该经销商/供应商具有相似经营理念，因此我们愿意和他们继续保持关系；我们忠于该经销商/供应商，因此我们愿意和他们继续保持关系；我们打算在未来几年内继续维持和该经销商/供应商的关系；我们自动延长了和该经销商/供应商的关系。

（3）供应商和分销商的公平感知。

分配公平是指在企业间合作中，企业对于分配结果的公平性程度的感知。分配公平反映了相对于合作伙伴各自的贡献、投入和所承担的责任，伙伴之间把对合作成果的分享视为公平的程度。分配公平的一个主要特点就是人们所接受的结果相对于他们的贡献是否公平。基于库马尔、希尔和斯廷坎普（1995）对营销联盟的研究、科尔基特（2001）对组织学的研究和陆（2007）对中外合资企业的研究，我们对分配公平的测量包含5个指标：我们公司的收入与我们在该分销关系中所做出的努力和投资相比较是公平的；我们公司的收入与我们在该分销关系中所承担的角色和责任相比较是公平的；我们公司的收入与行业中其他供应商/分销商从其分销关系中获得的收入相比较是公平的；我们公司的收入与该经销商/供应商从与我们的分销关系中获得的收入相比较是公平的；在和该经销商/供应商联合进行的产品营销活动中，我们公司的收入与我们的贡献相比较是公平的。

2. 关系绩效

关系绩效是指企业从与某个合作伙伴的交易关系中获得的经济结果。基于盖斯肯斯、斯廷坎普和库马尔（1999）以及盖斯肯斯和斯廷坎普（2000）的研究，我们选择了4个指标对关系绩效进行测量，分别为：与该经销商/供应商的关系使我们占据了有利的市场地位；与该经销商/供应商的关系带来了更大的销售量；该经销商/供应商的营销政策有助于我们有效地开展工作；该经销商/供应商提供了高质量的销售支持。

3. 调节变量

本书中，我们研究了契约完备性和法律体系不完备性两个变量对主效应的调节作用。

第一，契约完备性是指契约本身所包含条款的完整性以及契约条款具体化的程度（Gong et al., 2007）。完备化的契约通常会包含更多具体的契约条款，这些契约条款通常会覆盖交易关系的许多方面，这些具体的契约条款可以更容易对交易关系进行解释和监督，因此，完备化的契约具有更强的法律约束力；不完备的契约由于其包含的条款可能是不具体的、不可观测的。因而，不完备的契约就带来更多解释的可能性，具有较弱的法律约束力（Woolthuis et al., 2005；Chen, 2002）。基于杰普、加内桑（2000）和陆（2002）的研究，我们采用 3 个指标来测量契约的完备性：我们和该经销商/分销商都强调将合作中的细节都包含到所签订的契约中；我们签订了正式的协议，指明双方的义务；一旦契约签订，我们就依赖契约来解决同该经销商/供应商的分歧。

第二，法律体系的完备性不仅指一个国家法律框架的完整性，同时还包括国家或者政府对各种各样法律的强制实施的程度（Luo, 2005；Greif, 1997）。一个国家和地区的法律体系的完备性通常表现在三个方面：一是制度层面的法律制度是否健全、完善和稳定；二是是否具有独立的法律实施或者执行的部门和结构；三是法律体系的实施是否会受到来自外部政府和团体的干预（Zhou & Poppo, 2010）。因此，在陆（2005）对法律体系不完备性测量的修正的基础上，我们选择了 4 个指标来测量法律体系不完备性：现有法律对合法的商业活动保护力度不够；现有法律对企业知识产权的保护力度不够；企业试图利用法律来保护自己的成本很高；企业间商业纠纷的仲裁结果或判决结果的执行力度不够。

4. 控制变量

除了本书涉及的因素外，还有其他的因素可能会影响供应商的关系绩效，因此将其作为控制变量包含在模型中。

首先，依赖是渠道成员为了实现自己的目标而与另一个渠道成员维持交换关系的心理与行为状态（Kale，1986），反映了渠道成员为达到自身目的而与渠道伙伴维持关系的必要程度以及渠道合作伙伴所提供资源的难以替代程度（Frazier et al.，1989；Emerson，1962）。交易成员间的相互依赖构成了双方交易行为的基础，引导交易双方的行为（Andaleeb，1996），因此本研究将供应商对分销商的依赖以及分销商对供应商的依赖作为控制变量包括在模型之中。根据基姆和欧（Kim & Oh，2002）的研究，本书设计了4个指标分别测量供应商和分销商的依赖：如果终止与该供应商/分销商的关系，我们将要花费很大的精力寻找新的供应商/分销商；我们很难找到与该供应商/分销商类似的供应商/分销商；如果更换该供应商/分销商，我们会遭受惨重的损失；该供应商/分销商对我们公司的各项决策有很大影响。

其次，冲突代表了交易关系中存在分歧的总体水平（Anderson & Narus，1990），冲突水平高意味着交易双方的合作存在问题，关系不稳定，因而有可能导致分销商进行机会主义行为。因此，本研究将冲突作为控制变量，在安德森、纳鲁斯（1990）和库马尔等（1992）研究的基础上，通过3个指标来衡量，分别为：我们与该经销商/供应商的关系十分紧张；我们与该经销商/供应商在合作关系中有很大的分歧；在有关如何处理业务的问题上，我们经常和该经销商/供应商发生争执。

再次，合作代表了交易关系中供应商和分销商之间的互相帮助和合作的程度。我们基于以往的研究，通过3个指标来测量关系中的合作：不论该经销商/供应商以什么方式提出要求，我们都会对他们提供帮助；不论我们以什么方式向该经销商/供应商提出要求，他们都会给我们提供帮助；该经销商/供应商和我们合作密切。

最后，由于供应商分销商之间的关系长度和供应商的企业规模都会影响供应商的关系绩效，因此，我们把关系长度和企业规模作为控制变量。其中，关系长度用供应商和分销商建立交易关系的持续时间来测量，企业规模用企业的实际人数来测量。

4.3 统计分析方法介绍

4.3.1 验证性因子分析

验证性因子分析（confirmatory factor analysis，CFA）是相对于探索性因子分析（exploratory factor analysis）的一种因子分析方法，研究者可以根据理论或实际需要对模型施加条件约束，观察不同因子结构模型与数据的拟合程度，用来检验已知的特定关系变量是否按照预期的方向发挥功能。

验证性因子分析主要的操作步骤如下：

（1）定义因子模型。包括选择因子个数和定义因子载荷。不同于探索性因子分析，验证性因子分析的因子载荷值可以进行预先的设定，因子载荷值既可以设定为0，也可以设定为一个常数，还可以设定为具有一定约束条件的参数。本研究中，因子模型的选择与本书所关心的各个相关变量保持一致。

（2）收集观测值。定义了因子模型以后，接下来就是观测变量观测值收集的工作了，通常这一步骤已在之前的数据收集部分完成。

（3）获得相关系数矩阵。由于所有的后续分析都需要建立在相关系数矩阵的基础上，因此，我们需要首先分析获得系数的相关系数矩阵。这一步骤也已在之前的数据收集部分完成。

（4）估计数据拟合模型。在多元正态的条件下，常用的数据拟合估计标准有自由估计和极大似然估计两种。本书选择采用极大似然估计的方法来进行载荷估计。

（5）评价模型是否恰当。模型评价是验证性因子分析最关键的一步。通过因子载荷值的选择，可以使模型本身所隐含的相关系数矩阵与实际的观测值矩阵之间的差异达到最小值，这时候，因子模型也能够很好地与数据进行拟合。选择最合理的参数之后，差异值就能够反映数据和因子模型的匹配程度。在实际的分析中，我们可以通过观察 GFI、AGFI、TLI 等模型拟合值来判断模型的拟合程度。

（6）与其他模型比较。为了得到最优模型，我们需要完成这一步。所有的全因子模型和单一因子模型之间的比较都可以通过独立因子载荷的方法进行检验。

在第（5）个步骤中，CFA 分析通常会应用一些指数来比较观察到的协方差矩阵与期望协方差矩阵之间的差异，即测量绝对或相对的模型拟合优度，最常见的 CFA 分析工具包括 LISREL 软件和 AMOS 软件。本书主要采用 AMOS 4.0 进行 CFA 分析。CFA 分析中常用的拟合指数包含：

（1）拟合优度指数。

拟合优度指数 GFI（goodness of fit index）的计算公式是：

$$GFI = 1 - \frac{\hat{F}}{\hat{F}_b} \tag{4-1}$$

式（4-1）中：

$\hat{F}$ 为差异函数的最小值，$\hat{F}_b$ 是通过 $\sum (g) = 0$，$g = 1, 2, 3\cdots\cdots G$ 估计 $\hat{F}$ 得到的。

GFI 通常是在 0～1，1 表示数据和模型能够完全拟合。通常情况下，GFI 高于 0.9 时就表示模型与观测数据之间达到较好的拟合度。

（2）经过调整的拟合优度系数。

经过调整的拟合优度系数 AGFI（adjusted goodness of fit index）考虑的是检验模型中的自由度对 GFI 的影响，其公式是：

$$AGFI = 1 - (1 - GFI)\frac{d_b}{d} \tag{4-2}$$

式（4-2）中：

$d_b = \sum_{g=1}^{G} p(g)$，AGFI 的最大值是 1，表示的是完美拟合。但不同于 GFI，AGFI 的最小值可以小于 0。同样地，AGFI 高于 0.9 时表示观测数据能较好地拟合定义的模型。

（3）近似均方根误差。

近似均方根误差（RMSEA）的计算公式可表示为：

$$RMSEA = \sqrt{\hat{F}_0} / df \qquad (4-3)$$

式（4-3）中：

$\hat{F}_0 = \max\{[\hat{F} - df/(n-1)], 0\}$是总体差异函数的估计值。

通常情况下，RMSEA 的合理范围在 0.08 及以下。如果取值在 0.05 及以下，说明在 90% 置信区间内，观测数据可以很好地匹配选择的概念模型。

（4）标准拟合指数。

标准拟合指数（normal fit index，NFI）是应用比较广泛的相对拟合指数，反映了一个模型与另一个模型的相对拟合程度，它们主要通过比较目标模型与一个基本模型（这个模型可以是独立模型或饱和模型）的拟合来检验所考察模型的整体拟合程度。

标准拟合指数 NFI 的计算公式为：

$$NFI = \Delta_1 = 1 - \frac{\hat{C}}{\hat{C}_b} = 1 - \frac{F}{\hat{F}_b} \qquad (4-4)$$

式（4-4）中：

$\hat{C} = n\hat{F}$是估计模型的最小差异值，$\hat{C} = n\hat{F}_b$是基本模型的最小差异值。

一般情况下，NFI 的数据值局限在 0~1。越接近于 1，表示理论模型的拟合度越好。

4.3.2　最优尺度回归分析

最优尺度回归分析，也称为最优标度回归分析。其基本的思路是按照预期的定义模型，在不改变变量间固有的线性关系的前提下，可以通过设定不同的回归刻度，采用非线性变换的方法对估计方程进行多次迭代，从而获得原始变量的最佳量化标准，并使用这一量化标准替代原始变量进行模型的参数估计和回归分析，这样就可将各种传统回归分析方法的适用范围一举扩展到全部的测量尺度，如对无序多分类变量、有序多分类变量和连续性变量同时进行回归分析。如果最优尺度变换技术被用于线性回归，那么就称之为最优尺度回归。最优尺度回归也被称作定类回归（categorical regression），它通过给定类资料的不同类别赋值最终计算出优化的回归方程，常常适用于研究变量为分类有序变量的情况。

进行最优尺度回归一般包含 5 个主要步骤：

（1）模型设定是在进行模型估计前，基于理论分析或以往研究成果来设定假设的初始理论模型。本书我们将信任、承诺和分配公平的不对等作为自变量，将契约完备性和法律体系不完备性作为调节变量，将企业绩效作为因变量。

（2）模型识别就是要决定本书的模型是否可以通过参数估计求出唯一解。

（3）模型估计就是选择参数估计的方法。估计方法包含了最大似然估计和广义最小二乘估计方法，本书的估计方法使用广义最小二乘方法。

（4）模型评价就是在获得参数估计之后，通过比较定义模型和观测数据之间的拟合程度，并且与替代模型的拟合指标进行对比，整体评价拟合情况。

（5）模型修正就是经过多参数调试，发现模型始终无法与数据达到最佳的拟合效果时，就说明模型的设定出了问题，需要重新进行模型修正。通常，经过参数的重新设定就可以提高模型与数据的拟合程度，无须进行模型修正。

最优尺度回归的具体操作和分析方法可以在 SPSS 软件中以模块的方式方便地进行应用，具体操作步骤如图 4 - 1 所示。第一步，选择采用 SPSS 13.0 中的数据分析功能（analyze）；第二步，在分析功能的选项中，选择回归分析的功能（regression）；第三步，在回归分析的选项中，选择最优尺度回归的功能（optimal scaling）。在之后的分析中，先放入因变量，再依次放入控制变量和自变量，并通过多次回归拟合的步骤，选择最佳的变量回归尺度，直至达到最佳的模型拟合结果。

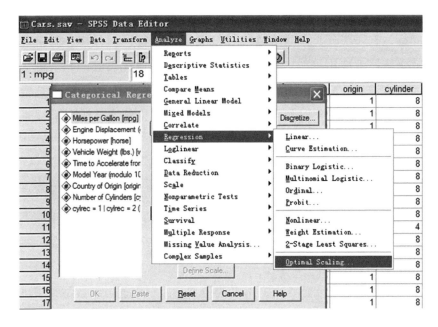

图 4 - 1　SPSS 软件中最优尺度回归的模块选择

4.3.3　多重共线性的检验

多重共线性是由于自变量之间存在显著的线性相关关系，而对回归方程分析结果的真实性和有效性产生严重的影响。最常用的多重共线性检验方法是判断方差膨胀因子值（VIF value）或者容限度（tolerance）值的大小（Schumacker，2008）。

一般认为，如果所加入自变量中某个变量的 VIF 值超过了 10，就表示该自变量与其他自变量之间可能存在着比较严重的多重共线性偏差，会对线性回归的最小二乘估计产生不利的影响（Chatterjee & Price，1991），此时应该作出相应的调整。如果所加入的自变量中某个变量的容限度值小于 0.1，则表示该自变量与其他自变量之间可能存在着比较严重的多重共线性关系，会对线性回归的最小二乘估计产生不利的影响，此时也应该作出相应的调整。

4.3.4 调节变量的检验

调节变量是指影响其他变量之间关系的变量（Sharma，Durand & Gur-Arie，1981；Baron & Kenny，1986）。如果变量 y 与变量 x 的关系是变量 z 的函数，则称 z 为调节变量。也就是说，y 与 x 的关系会受到来自第三个变量 z 的影响，这种有调节变量的模型如图 4 - 2 所示。

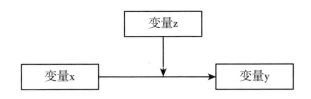

图 4 - 2　调节变量

资料来源：刘军. 管理研究方法：原理与应用［M］. 北京：中国人民大学出版社，2008.

在社会学、管理学、营销学领域，大量的研究关注了调节变量的检验方法。有一些研究方法采用了方差分析的方法来考察调节变量的作用，即考察自变量和划分自变量作用在不同情境下变量之间的交互作用（Baron & Kenny，1986）。更为广泛的分析采取子样本分析法和调节回归分析（Sharma，Durand & Gur-Arie，1981）。子样本分析是根据调节变量将总样本划分为高低两个子样本，然后利用回归分析检验因变量与自变量之间的关系，最后根据判定系数 R^2 或者是 ChowTest 分析考察不同子样本中回归方程的差异，以验证调节作用是否显著。

1. 调节回归分析

如果调节变量是定性变量，那么子样本的分析方法不会损失数据信息，但是如果调节变量是连续变量，那么人为地将调节变量划分为定性变量会损失信息。因此，在现有的研究中，更多采用了调节回归分析，因为这种分析方法保持了样本的完整性。

在目前有关调节变量的分析中,考虑到控制变量的存在,一般采用如下的步骤:(1)检验控制变量对因变量的作用;(2)在方程中加入自变量和调节变量,考察控制变量、自变量和调节变量对因变量的主影响;(3)在方程中加入交互项,以检验调节作用。换句话说,要检验如下的三个方程:

$$y = a_1 + b_1 w \tag{4-5}$$

$$y = a_2 + b_2 w + b_3 x + b_4 z \tag{4-6}$$

$$y = a_3 + b_5 w + b_6 x + b_7 z + b_8 xz \tag{4-7}$$

式(4-5)~式(4-7)中:

y 为因变量;

w 为控制变量;

$a_1 \sim a_3$ 为常数项;

$b_1 \sim b_8$ 为回归系数;

x 为自变量;

z 为调节变量。

与上文所述一样,如果系数 b_8 显著,就说明调节作用显著存在的。

在进行调节回归分析的过程中,还需要注意以下两个问题。

第一,考虑到主影响和交互作用项之间可能存在的多重共线性,要对模型中连续的自变量和调节变量进行均值中心化处理,以消除多重共线性的影响。当自变量和调节变量都进行了均值中心化处理,那么自变量的回归系数就表示了当调节变量为均值时,自变量对因变量的影响(Irwin & McClelland,2001)。

第二,在计算过程中,还需要考察不同方程之间的 ΔR^2 变化是否显著,以进一步验证调节变量的作用显著与否(Carte & Russell,2003)。例如,在式(4-5)到式(4-6)的变化中,需要检验两个方程的 ΔR^2 变化。根据卡特和罗素(Carte & Russell,2003)的建议,利用如式(4-8)和式(4-9)计算 ΔR^2 变化是否显著:

$$F_{(df_{mult} - df_{add}, N - df_{mult} - 1)} = \frac{\Delta R^2 / (df_{mult} - df_{add})}{(1 - R^2_{mult}) / (N - df_{mult} - 1)} \tag{4-8}$$

$$\Delta R^2 = R_{add}^2 - R_{mult}^2 \qquad (4-9)$$

式（4-8）和式（4-9）中：

df_{mult} 为式（4-5）的自由度；

df_{add} 为式（4-6）的自由度；

R_{mult}^2 为式（4-5）的判别系数；

R_{add}^2 为式（4-6）的判别系数；

N 为样本量。

如果 F 检验的结果是显著的，则说明两个方程间存在显著的差异，可以进一步验证调节变量作用的显著性。

2. 分样本验证调节

（1）回归系数显著性 Z 检验。

为了讨论不同情景下的同一假设关系，实际研究中通常需要根据不同情景划定不同样本，分别检验同一假设关系，但由于仅仅通过同一假设关系在不同样本中的系数或显著性水平的大小来判定该假设关系在不同情景中是否存在差异缺乏合理依据，科恩（1983）提出了一种比较不同样本中同一方程估计系数的 Z 检验方法，以判别同一假设关系在不同样本中是否存在差异。希特等（Hitt et al.，2004）对中国和俄罗斯的比较研究证实了这一方法的实际效用。

Z 检验的计算公式如下：

$$Z = \frac{\beta_1 - \beta_2}{[AdjSTE_1^2 - AdjSTE_2^2]^{1/2}} \qquad (4-10)$$

式（4-10）中：

β_1 和 β_2 表示同一方程在样本 1 和样本 2 中的非标准化系数。$AdjSTE_1$ 和 $AdjSTE_2$ 表示同一方程在样本 1 和样本 2 中经过调整的标准误，其计算公式如下：

$$AdjSTE = \frac{STD(Depedent\ variable) * STE(Indepedent\ variable)}{STD(Indepedent\ variable)}$$

$$(4-11)$$

式（4－11）中：

STD（Depedent variable）为因变量的标准差，STD（Independent variable）为自变量的标准差，STE（Indepedent variable）为自变量的标准误。

通过 Z 检验的结果，我们就可以进行估计系数的比较，如果 Z 检验显著，就说明两个样本中同一方程的估计系数存在差异，此时，如果两个样本中同一方程的估计系数符号均为正，则系数越大意味着正向作用关系在该样本中越强；如果两个样本中同一方程的估计系数符号均为负，则系数绝对值越大意味着负向作用关系在该样本中越强；如果两个样本中同一方程的估计系数符号为一正一负，则说明作用关系在两个样本中截然相反。

（2）Chow test 检验。

为了检验两个子样本中回归系数是否存在差异，我们仿照鹏和陆（Peng & Luo，2000）的方法，可以采取 Chow test 检验。Chow test 检验的公式如下：

$$F = \frac{(SSE_2 - SSE_1)/[(N_2 - K_2) - (N_1 - K_1)]}{SSE_1/(N_1 - K_1)} \qquad (4-12)$$

式（4－12）中：

SSE 代表了子样本回归系数标准误的平方和，N 为样本的个数，K 为被估计系数的个数，1 和 2 分别代表两个子样本。

Chow test 检验通过检验在高和低的情景变量下估计参数的系数是否相等，来判断被观测变量的系数是否存在显著差异。当 F 统计系数存在显著差异时，说明两个子样本中所有的回归系数都存在显著的差异。那么，回归系数的绝对值越大，就意味着自变量对因变量的影响作用越强。

综上所述，为了更好地检查调查数据的有效性和保证分析的规范性，我们将按照以上的统计方法，对我们的数据进行分析。

第 5 章

实证检验结果

在上一章中，本书详细阐述了实证分析所需的数据收集方法、数据处理方法，以及在验证概念模型和假设时所使用的统计方法。本章将根据大规模问卷调查所取得的数据，使用调节回归对模型提出的假设进行验证，并报告有关结果。具体来说，本章的实证检验部分包括了以下内容：变量的信度和效度分析；数据描述性统计分析；概念模型和假设的检验。下面将分别加以论述。

5.1 指标净化及信度效度检验

本节首先对实证分析中用到的各个指标进行净化处理，其次对净化以后的指标进行了信度和效度检验，在此基础上分析了各个指标的均值和标准差，并进行了因子之间的相关分析，以支持以后的分析。信度和效度分析是评价样本数据质量的重要依据，在进行信度和效度分析之前，通常需要对样本数据进行排序、缺省值替代、反向问题重新编码和指标净化等相应的处理。只有对信度和效度均良好的因子进行描述性统计分析才有意义，才能用于实证检验。上述实证分析过程如图 5 - 1 所示，下文将阐述具体过程。

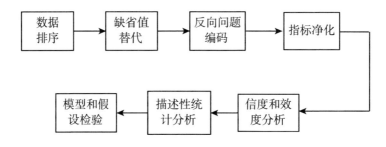

图 5 - 1　实证分析过程

5.1.1　指标的初步处理

在信度和效度分析之前，本研究首先对样本数据进行了初步处理，包括：（1）问卷排序，对数据库内问卷按照升序和降序的原则进行排序；（2）设置并替代系统缺省值（侯杰泰等，2004），将数据库中未填写的数据（其值通常为 -1）设定为系统缺省值，并用同一指标填写完整数据的均值替代这些系统缺省值；（3）对反向问题重新编码，在数据库中选中经过缺省值替代后的反向变量，按照 1 - 7、2 - 6、3 - 5、5 - 3、6 - 2、7 - 1 的对应关系，进行反向编码。

5.1.2　指标净化

在对数据进行初步处理之后，接下来对各变量的测量指标进行了净化处理，包括题项相关度分析和单一维度性检验两方面工作。

1. 题项相关度（item-to-total correlation）分析

题项相关度分析是指：对于度量同一个因子的所有指标而言，每一个指标与其他所有指标之和的相关系数（Churchill，1979）。一般来说，题项相关度越高，就说明用以反映同一个因子的各个指标间具有越良好的耦合性。同时，如果纠正后的题项的相关度（corrected-item-total correlation, CITC）小于 0.4，就意味着该题项不能很好地与其他指标结合在一起反映该因子的内涵。因此，除特殊情况外，一般应该删除这一题项。依照上述要求，本书对所有变量的题项进行了相关度分析。

2. 单一维度性（unidimensionality）检验

单一维度性指的是，任意一个测量指标都只反映了唯一的因子，而不是反映了多个因子。单一维度性检验需要服从两个要求：第一，任意一个指标对所测度的因子具有显著的因子载荷；第二，任意两个因子之间不存在交叉载荷（cross factor loading），即任意一个指标，不能同时在 A 因子上和 B 因子上都具有显著的因子载荷。

在本书中，笔者利用 SPSS13.0 软件中的探索性因子分析（exploratory factor analysis）检验所有测量指标的单一维度性。在探索性因子分析中，首先对每一个因子分别进行了探索性因子分析，剔除因子载荷值小于 0.4 的那些指标，其次将模型中所涉及的因子放在一起进行探索性因子分析，剔除具有显著的交叉载荷的指标，保证了良好的题项相关度和单一维度性。

5.1.3　信度效度分析

1. 信度分析

信度是关于对一种现象测度的稳定性和一致性，表示度量结果的可重复性及数据与平均值的差异程度。信度的指标有 3 类：稳定性（stability）、等值性（equivalence）和内部一致性（internal consistency）。内部一致性是衡量某一指标与测度同一变量的其他指标间相关程度的一种重要测度，关注的是不同测试项目所带来测试结果的差异（李怀祖，2004）。目前普遍使用 Cronbach α 系数（又称内部一致性系数）检验变量的信度。有式（5-1）：

$$\alpha = \frac{k \times \overline{cov/var}}{1 + (k-1)\overline{cov/var}} \qquad (5-1)$$

式（5-1）中：

α 为 Cronbach α 系数；

k 为指标的数量；

$\overline{cov}$为指标间的平均协方差；

$\overline{var}$为指标的平均方差。

Cronbach α 系数是目前应用最广的评价变量信度的指标。它的取值范围在 0～1，值越大，变量的信度值越高。一般来说，衡量同一个变量全部指标的 α 值应该高于 0.7（吴明隆，2000）。表 5-1 给出了本书涉及的变量的 Cronbach α 系数。从表中可以看出所有变量的 α 系数均大于 0.7，表明本研究所涉及的变量具有良好的信度。

表 5-1　　　　　构件的信度、因子载荷、AVE 和 CR

量表	信度	因子载荷	AVE（%）	CR
供应商对分销商的信任（STru）	0.88		0.67	0.91
STru1：我们相信该分销商在作决策时会考虑我们的利益		0.76		
STru2：我们相信该分销商真诚地关心我们企业的成功		0.85		
STru3：我们相信该分销商不会欺骗我们		0.80		
STru4：该分销商非常有诚意地信守其承诺		0.87		
STru5：该分销商通常都履行对我们公司许下的承诺		0.82		
供应商对分销商的承诺（SCom）	0.97		0.89	0.98
SCom1：即使其他分销商提供更好的交易条件，我们也不愿终止和他们的关系		0.96		
SCom2：我们和该分销商具有相似经营理念，因此我们愿意和他们继续保持关系		0.94		
SCom3：我们忠于该分销商，因此我们愿意和他们继续保持关系		0.96		
SCom4：我们打算在未来几年内继续维持和该分销商的关系		0.93		

量表	信度	因子载荷	AVE (%)	CR
SCom5：我们自动延长了和该分销商的关系		0.93		
供应商感知的分配公平（SDis）	0.95		0.85	0.97
SDis1：我们公司的收入与我们在该分销关系中所做出的努力和投资相比较是公平的		0.92		
SDis2：我们公司的收入与我们在该分销关系中所承担的角色和责任相比较是公平的		0.94		
SDis3：我们公司的收入与行业中其他供应商从其分销关系中获得的收入相比较是公平的		0.92		
SDis4：我们公司的收入与该分销商从与我们的分销关系中获得的收入相比较是公平的		0.93		
SDis5：在和该分销商联合进行的产品营销活动中，我们公司的收入与我们的贡献相比较是公平的		0.89		
供应商感知的契约完备性（SCon）	0.94		0.90	0.96
SCon1：我们和该分销商都强调将合作中的细节都包含到所签订的契约中		0.94		
SCon2：我们签订了正式的协议，指明双方的义务		0.97		
SCon3：一旦契约签订，我们就依赖契约来解决同该分销商的分歧		0.93		
供应商感知的法律体系的不完备性（SLeg）	0.95		0.87	0.96
SLeg1：现有法律对合法的商业活动保护力度不够		0.94		
SLeg2：现有法律对企业知识产权的保护力度不够		0.94		
SLeg3：企业试图利用法律来保护自己的成本很高		0.93		
SLeg4：企业间商业纠纷的仲裁结果或判决结果的执行力度不够		0.91		
供应商的绩效（SP）	0.91		0.78	0.94
SP1：与该分销商的关系使我们占据了有利的市场地位		0.82		
SP2：与该分销商的关系带来了更大的销售量		0.91		

续表

量表	信度	因子载荷	AVE（%）	CR
SP3：该分销商的营销政策有助于我们有效地开展工作		0.93		
SP4：该分销商提供了高质量的销售支持		0.88		
供应商对分销商的依赖（SDep）	0.89		0.76	0.93
SDep1：如果终止与该分销商的关系，我们将要花费很大的精力寻找新的经销商		0.84		
SDep2：我们很难找到与该分销商类似的经销商		0.90		
SDep3：如果更换该分销商，我们会遭受惨重的损失		0.87		
SDep4：该分销商对我们公司的各项决策有很大影响		0.87		
供应商感知的企业间合作（SCoo）	0.83		0.76	0.90
SCoo1：不论该分销商以什么方式提出要求，我们都会对他们提供帮助		0.92		
SCoo2：不论我们以什么方式向该分销商提出要求，他们都会给我们提供帮助		0.94		
SCoo3：该分销商和我们合作密切		0.74		
供应商感知的企业间冲突（SCon）	0.93		0.78	0.95
SCon1：我们和该分销商以友善的方式解决业务往来中遇到的小分歧		0.87		
SCon2：我们和该分销商的小分歧是业务往来的一个部分		0.83		
SCon3：我们和该分销商之间的小分歧不会对相互间的关系产生负面影响		0.92		
SCon4：我们和该分销商之间的小分歧使相互合作更有效率		0.87		
SCon5：我们和该分销商的小分歧激励我们寻找解决问题的有效途径		0.91		

续表

量表	信度	因子载荷	AVE（%）	CR
分销商对供应商的信任（BTru）	0.89		0.69	0.92
BTru1：我们相信该供应商在作决策时会考虑我们的利益		0.80		
BTru2：我们相信该供应商真诚地关心我们的成功		0.85		
BTru3：我们相信该供应商不会欺骗我们		0.77		
BTru4：该供应商非常有诚意地信守其承诺		0.86		
BTru5：该供应商通常都履行对我们公司许下的承诺		0.87		
分销商对供应商的承诺（BCom）	0.97		0.89	0.96
BCom1：即使其他供应商提供更好的交易条件，我们也不愿终止和他们的关系		0.96		
BCom2：我们和该供应商具有相似经营理念，因此我们愿意和他们继续保持关系		0.96		
BCom3：我们忠于该供应商，因此我们愿意和他们继续保持关系		0.95		
BCom4：我们打算在未来几年内继续维持和该供应商的关系		0.90		
BCom5：我们自动延长了和该供应商的关系		0.94		
分销商感知的分配公平（BDis）	0.95		0.84	0.96
BDis1：我们公司的收入与我们在该分销关系中所做出的努力和投资相比较是公平的		0.91		
BDis2：我们公司的收入与我们在该分销关系中所承担的角色和责任相比较是公平的		0.93		
BDis3：我们公司的收入与行业中其他供应商从其分销关系中获得的收入相比较是公平的		0.90		
BDis4：我们公司的收入与该分销商从与我们的分销关系中获得的收入相比较是公平的		0.91		
BDis5：在和该分销商联合进行的产品营销活动中，我们公司的收入与我们的贡献相比较是公平的		0.93		

续表

量表	信度	因子载荷	AVE（%）	CR
分销商感知的契约完备性（BCon）	0.95		0.91	0.97
BCon1：我们和该分销商都强调将合作中的细节都包含到所签订的契约中		0.93		
BCon2：我们签订了正式的协议，指明双方的义务		0.97		
BCon3：一旦契约签订，我们就依赖契约来解决同该供应商的分歧		0.96		
分销商感知的法律体系不完备（BLeg）	0.94		0.85	0.96
BLeg1：现有法律对合法商业活动的保护力度不够		0.93		
BLeg2：现有法律对企业知识产权的保护力度不够		0.92		
BLeg3：企业试图利用法律来保护自己的成本很高		0.92		
BLeg4：企业间商业纠纷的仲裁结果或判决结果的执行力度不够		0.91		
分销商对供应商的依赖（BDep）	0.91		0.80	0.94
BDep1：如果终止与该供应商的关系，我们将要花费很大的精力寻找新的供应商		0.88		
BDep2：我们很难找到与该供应商类似的供应商		0.91		
BDep3：如果更换该供应商，我们会遭受惨重的损失		0.92		
BDep4：该供应商对我们公司的各项决策有很大影响		0.86		
分销商感知的企业间合作（BCoo）	0.81		0.72	0.89
BCoo1：不论该供应商以什么方式提出要求，我们都会对他们提供帮助		0.92		
BCoo2：不论我们以什么方式向该供应商提出要求，他们都会给我们提供帮助		0.92		
BCoo3：该供应商和我们合作密切		0.70		
分销商感知的企业间冲突（SCon）	0.91		0.75	0.94
SCon1：我们和该供应商以友善的方式解决业务往来中遇到的小分歧		0.83		

续表

量表	信度	因子载荷	AVE (%)	CR
SCon2：我们和该供应商的小分歧是业务往来的一个部分		0.86		
SCon3：我们和该供应商之间的小分歧不会对相互间的关系产生负面影响		0.87		
SCon4：我们和该供应商之间的小分歧使相互的合作更有效率		0.86		
SCon5：我们和该供应商的小分歧激励我们寻找解决问题的有效途径		0.91		

除了计算 Cronbach α 系数之外，本书还计算了 CR（composite reliability）值，其计算公式为：

$$CR = \frac{(\sum loading)^2}{\sum(1 - loading^2) + (\sum loading)^2} \quad (5-2)$$

式（5-2）中：

loading 为指标的因子载荷。

与 Cronbach α 系数一样，CR 的值越大，表明变量的信度越高。一般认为，CR 值在 0.7 以上，就表明因子具有良好的信度。表 5-1 给出了本书涉及变量的 CR 值。从表 5-1 中可以看出，所有变量的 CR 值均大于0.7，这也表明本书采用的变量具有良好的信度。

2. 效度分析

效度是指指标能够真正衡量出研究人员所要衡量的事物的真实程度，揭示了构件及其测量指标间的关系。效度判断指实际数据拟合值与理想值的差异程度，用来度量数据实际拟合结果是否真正是研究者所预期的（李怀祖，2004）。在效度分析中经常用到的是内容效度（content validity）、收敛效度（convergent validity）和判别效度（discriminant validity）。由于本书所使用的量表以国外学者现有的量表为基础，结合了我国营销渠道内的实际情况修正而成的，所以本书量表具有很好的内容效度。收敛效度是指所用到的指标集中反映了所要测量的构件或因子不存在交叉载荷的问题。判别效度是指不同因子间可以有效区分，不存在反映同一构件的两个因子。这两个效度是实证研究中经常使用的效度检验。下面本研究对量表的收敛效度和判别效度分别进行检验。

（1）收敛效度。

本研究采用三个步骤来检验收敛效度。首先，在对指标进行净化和单一维度性检验过程中，对所有因子的探索性因子分析结果进行了选择，确保了选取的指标不存在交叉载荷；其次，通过计算因子载荷值，选择因子载荷均在0.7以上的指标，确保因子具有较好的收敛效度；最后，利用式（5-3）计算了每一个因子的平均提取方差百分比（Fornell & Larcker，1981）来验证指标之间的耦合性。

$$\text{AVE} = \frac{\left(\sum \text{loading}^2\right)}{\sum \left(1 - \text{loading}^2\right) + \left(\sum \text{loading}^2\right)} \tag{5-3}$$

式（5-3）中：

loading 为指标的因子载荷。

AVE 的取值越大，表明指标之间的耦合性越强。本书中各个变量的因子载荷和平均提取方差百分比的计算结果如表5-1所示。从表中可以清楚看出，变量的因子载荷为0.70~0.97，均大于0.7；因子的平均提取方差百分比69%~91%，均大于50%的推荐值（Bagozzi & Yi，1988），均表明因子具有良好的收敛效度。

（2）判别效度。

判别效度表明不同指标的测量具有独特性，只测量某一个特定的变量。本书采用如下两种方式来检验因子的判别效度。

方式一：任意选择两个因子，比较在将因子间的相关系数固定为1时和自由估计两种情况下模型拟合的卡方变化。检验结果发现，上述两种情况下卡方的变化具有显著的差异（Bagozzi & Philips，1988）。如果自由相关的模型和限制相关系数为1的模型之间的卡方值存在显著的差异，则认为两个变量之间存在统计上显著的区别效度。通常来说，相关系数越高的两个变量之间，可能越不显著。因此，我们选择了相关系数最高的两个变量（信任和分配公平），通过验证性因子分析计算自由估计模型和限制模型的卡方变化，我们发现非限制模型和限制模型之间的卡方差异高于临界值10.8（P<0.001），说明本研究所选用的变量之间存在显著的区别效度。

方式二：比较变量的 AVE 平方根和该变量与其他任何一个变量的相关系数，如果 AVE 的平方根大于相关系数，则表明变量具有良好的判别效度（Fornell & Larcker，1981）。通过表5-1和表5-2可以看出，任一变量的 AVE 平方根均大于其与其他变量的相关系数，表明了变量具有良好的判别效度。

另外，本书进行了验证性因子分析（confirmatory factor analysis），结果如表5-3所示。$\chi 2/df$ 的值在 1~3，GFI、IFI、NFI 以及 TLI 的值均大于0.9，RMSEA 的值小于0.08，同时 AGFI 的值也都接近0.9。这说明，确定性因子分析的结果是可接受的，同时这也反映了因子具有良好的信度和效度。

表5-2　　　　　　　　均值、标准差与相关系数

变量	均值	标准差	1	2	3	4	5
供应商信任劣势	0.331	0.696	1				
供应商信任优势	0.459	0.644	-0.341**	1			
供应商承诺劣势	0.467	0.783	0.159*	-0.100	1		
供应商承诺优势	0.411	0.683	-0.007	0.025	-0.361**	1	
供应商公平感知优势	0.379	0.736	0.427**	-0.228**	0.099	-0.105	1
供应商公平感知劣势	0.487	0.763	-0.192**	0.414**	0.008	0.039	-0.330**
供应商企业绩效	5.249	1.025	-0.125	0.085	-0.060	0.053	-0.188**
相互依赖	4.892	0.903	-0.130	-0.021	0.082	-0.053	-0.008
依赖不对等	1.413	1.241	-0.079	-0.144*	0.090	-0.015	-0.080

续表

变量	均值	标准差	1	2	3	4	5
合作	4.772	0.930	-0.100	0.034	0.053	-0.153*	-0.061
冲突	5.466	0.759	-0.023	0.059	-0.011	-0.066	-0.085
关系长度	5.441	2.253	0.069	-0.098	0.039	0.046	-0.007
供应商企业规模	2.82	1.116	0.023	-0.073	-0.016	0.029	-0.027

均值	0.331	0.459	0.467	0.411	0.379	0.487	5.249	4.892	1.413	4.772	5.466	5.441	2.82
标准差	0.696	0.644	0.783	0.683	0.736	0.763	1.025	0.903	1.241	0.930	0.759	2.253	1.116

注：* $p < 0.05$；** $p < 0.01$（双边分析结果）。

表 5-3　　　　　　　　　确定性因子分析结果

拟合指数	模型预测		解释与说明
	基于供应商的数据	基于分销商的数据	
χ^2	311.08	331.19	
χ^2/df	1.13	1.23	1~3，模型拟合较好
GFI	0.91	0.90	大于0.9，模型拟合较好
AGFI	0.88	0.88	接近0.9，模型拟合较好
RMSEA	0.024	0.032	小于0.08，模型拟合较好
NFI	0.95	0.95	大于0.9，模型拟合较好
IFI	0.99	0.99	大于0.9，模型拟合较好
TLI	0.99	0.99	大于0.9，模型拟合较好

5.2　数据的描述性统计分析

在完成指标的净化、信度和效度分析之后，本研究将同一因子的各个指标加总后取均值，利用得到的均值来测量该变量。通过使用 SPSS 13.0 对本书的 9 个分析变量（变量的具体说明如表 5-1 所示）进行描述性统计分析，得到如表 5-2 所示的变量间相关系数。通过该表可以看出，本书所关注的主要变量之间具有明显的相关性，同时变量之间具有较好的区别度，样本数据也呈现出正态分布的特点，符合实证分析的要求。当然，相关系数列表虽然能够反映数据间的原始相关性，但是它仅仅反映了两个变量间通过多种途径的综合作用，系数的正负和显著性程度只能作为最后分析结果的参考，不能作为最终的假设检验依据。

5.3　回归分析及其结果

在验证假设的过程中，按照上一章提到的假设检验过程来进行分析。本研究中，因变量为供应商的绩效，自变量为供应商和分销商的信任不对等、承诺不对等以及公平感知不对等，控制变量为供应商和分销商的相互依赖、依赖不对等、供应商和分销商之间的合作和冲突等。然而，利用一个单一的构件来测量信任不对等、承诺不对等和公平感知不对等无法有效地反映造成关系中嵌入不对等的原因和不对等的方向。因此，本书分别采用两个变量来测量不对等，以信任不对等为例来具体说明详细的计算过程：当供应商的信任高于分销商的信任时，AdvSTru 就等于（STru-BTru）的值，DefSYru 就等于 0；相反地，当供应商的信任小于分销商的信任时，AdvSTru 就等于 0；DefSTru 就等于（BTru-STru）。同样地，对于其他的两个变量我们也采用以上方法进行计算。这样我们得到了本书的假设检验主方程有：

$$SP = A_0 + A_1 AdvSTru + A_2 DefSTru + A_3 AdvSCom + A_4 DefSCom$$
$$+ A_5 AdvSDis + A_6 DefSDis + A_7 TotDep + A_8 AsyDep + A_9 Coo$$
$$+ A_{10} Con + \varepsilon_1 \tag{5-4}$$

式（5-4）中：

SP 为供应商的关系绩效；

AdvSTru 为供应商的信任优势；

DefSTru 为供应商的信任劣势；

AdvSCom 为供应商的承诺优势；

DefSCom 为供应商的承诺劣势；

AdvSDis 为供应商的分配公平感知优势；

DefSDis 为供应商的分配公平感知劣势；

TotDep 为供应商和分销商之间的相互依赖；

AsyDep 为供应商和分销商之间的依赖不对等；

Coo 为供应商和分销商之间的合作；

Con 为供应商和分销商之间的冲突。

我们选择 SPSS 13.0 软件作为主要的模型检验工具。接下来，依照实证分析结果，分别对主效应和调节效应进行详细的讨论和分析。

5.3.1 主效应的回归结果

本研究以供应商的关系绩效为因变量检验相关假设。首先，让控制变量进入方程，结果显示该方程（模型 1）是显著的（$R^2 = 0.145$，$p < 0.01$）。其次，在方程中加入了自变量，结果显示该方程（模型 2）是显著的（$R^2 = 0.220$，$p < 0.05$）。最后，F 检验结果表明两个方程间存在显著的差异[①]（$\Delta R^2 = 0.075$，$F = 14.24$，$p < 0.05$），因此，说明我们的回归方程能够很好地反映变量间关系。主效应假设检验结果如表 5 - 4 所示。

表 5 - 4　　　　　　　　　主效应假设检验结果

	供应商绩效	
	模型 1	模型 2
供应商信任劣势		- 0.108 *
供应商信任优势		0.128 **
供应商承诺劣势		- 0.107 *

---

① 为考察不同方程之间的 ΔR^2 变化是否显著，此处采用本书第 4 章的式（4 - 8）和式（4 - 9）来计算对应的 F 值。

续表

	供应商绩效	
	模型 1	模型 2
供应商承诺优势		0.126**
供应商公平感知劣势		-0.138**
供应商公平感知优势		0.105*
控制变量		
相互依赖	0.221***	0.182**
依赖不对等	-0.078	-0.029
合作	0.224***	0.230***
冲突	-0.072	-0.076
关系长度	0.056	0.045
企业规模	0.112	-0.156**
模型 R^2	0.145	0.220
ΔR^2		0.075
模型 F 值	2.996**	1.577*

注：†：$P<0.1$，*：$p<0.1$；**：$p<0.05$；***：$p<0.01$.

1. 供应商与分销商间信任不对等对供应商关系绩效的影响

通过实证分析结果，我们发现，供应商信任劣势对供应商关系绩效的影响作用为负向显著（$\beta=-0.108$，$p<0.05$），而供应商信任优势对供应商关系绩效的影响作用为正向显著（$\beta=0.128$，$p<0.01$）。实证结果与我们预期的假设方向一致，证明了在不对等的嵌入关系中，供应商过多的信任不仅无法为其带来更多的关系收益，反而会降低供应商的关系绩效；相反地，分销商过多的信任则有利于供应商关系绩效的提升。因此，实证结果证明了假设 H1a 和 H1b。

2. 供应商与分销商间承诺不对等对供应商关系绩效的影响

在回归结果中，我们发现供应商承诺劣势对供应商关系绩效的回归系数为负向显著（β = -0.107，p < 0.05），而供应商承诺优势对供应商关系绩效的回归系数为正向显著（β = 0.126，p < 0.01）。我们预期在不对等的嵌入关系中，供应商过多的承诺会负向影响供应商的关系绩效；相反地，分销商过多的承诺则能够促进供应商的关系绩效。因此，实证结果也证明了假设 H2a 和 H2b。

3. 供应商与分销商公平感知不对等对供应商关系绩效的影响

在回归结果中，我们发现供应商的公平感知劣势对供应商关系绩效的影响作用为负向显著（β = -0.138，p < 0.01），而供应商公平感知优势对供应商关系绩效的影响作用为正向显著（β = 0.105，p < 0.05）。与预期方向一致，实证结果证明了在不对等的嵌入关系中，供应商过多的公平感知同样不会为其带来更多的关系收益，反而会降低供应商的交易绩效；相反地，分销商过多的公平感知则对供应商的关系绩效具有促进作用，因此，假设 H3a 和 H3b 全部得到了支持。

综上所述，我们的主效应假设全部得到了实证的检验。

5.3.2 调节效应的回归结果

进一步地，我们检验了契约完备性和法律体系不完备性对上述主效应的调节作用。我们采用分样本回归检验的方法分别检验两个调节变量的调节作用。首先，我们以调节变量的中位数为标准将总样本分为高、低两个子样本（等于或者大于中位数的为高样本；低于中位数的为低样本），这样我们分别得到了两个调节变量的四个子样本；其次，按照检验主效应的步骤分别进行回归分析；最后，对高低两个子样本的回归结果采用 Chow 检验的方式进行对比。调节效应检验的结果如表 5-5 所示。接下来，我们就具体地对每一个调节假设进行具体的分析。

表 5 - 5   契约完备性和法律体系不完备性的调节作用

变量	供应商绩效			
	高契约完备性 N = 116 模型 3	低契约完备性 N = 109 模型 4	高法律不完备性 N = 124 模型 5	低法律不完备性 N = 101 模型 6
供应商信任劣势	- 0. 147† (0. 095)	- 0. 190* (0. 098)	- 0. 237*** (0. 096)	- 0. 030 (0. 097)
供应商信任优势	0. 168* (0. 091)	0. 295*** (0. 097)	0. 179† (0. 095)	0. 254*** (0. 092)
供应商承诺劣势	- 0. 091 (0. 093)	- 0. 312*** (0. 085)	- 0. 300*** (0. 089)	- 0. 185** (0. 092)
供应商承诺优势	0. 099 (0. 094)	0. 246** (0. 086)	0. 165* (0. 088)	0. 027 (0. 091)
供应商公平 感知劣势	- 0. 215* (0. 100)	- 0. 170* (0. 091)	- 0. 178† (0. 092)	- 0. 132 (0. 099)
供应商公平 感知优势	0. 010 (0. 100)	0. 125 (0. 087)	0. 141† (0. 093)	0. 124 (0. 096)
控制变量				
相互依赖	0. 247** (0. 091)	0. 170** (0. 088)	0. 288*** (0. 096)	0. 233*** (0. 089)
依赖不对等	- 0. 250*** (0. 093)	- 0. 188* (0. 085)	- 0. 037 (0. 088)	- 0. 151 (0. 092)
企业间合作	0. 247*** (0. 096)	0. 399*** (0. 088)	0. 289** (0. 096)	0. 150† (0. 092)
企业间冲突	- 0. 333*** (0. 092)	0. 403*** (0. 087)	0. 137† (0. 087)	- 0. 302*** (0. 094)
关系持续时间	0. 017 (0. 092)	0. 053 (0. 086)	0. 371*** (0. 090)	- 0. 131 (0. 095)
企业规模	0. 080 (0. 095)	- 0. 293*** (0. 085)	- 0. 170* (0. 090)	- 0. 198* (0. 091)

续表

变量	供应商绩效			
	高契约完备性 N = 116 模型 3	低契约完备性 N = 109 模型 4	高法律不完备性 N = 124 模型 5	低法律不完备性 N = 101 模型 6
模型 R^2	0.379	0.506	0.354	0.470
模型 F 值	$1.455^{\dagger}$	2.324^{**}	$1.436^{\dagger}$	2.169^{**}
Chow test F	4.66		1.92	
P 值	< 0.001		< 0.05	

注：$\dagger$: $p < 0.1$, $*$: $p < 0.1$；$**$: $p < 0.05$；$***$: $p < 0.001$.

1. 契约完备性的调节作用

通过对比表 5 – 5 中模型 3 和模型 4 的回归结果，我们发现，在高契约完备性下，供应商信任劣势对供应商关系绩效的影响系数为负向显著（$\beta = -0.147$，$p < 0.1$）；在低契约完备性下，供应商信任劣势对供应商关系绩效的影响作用为负向显著（$\beta = -0.190$，$p < 0.05$）；相反地，在高契约完备性下，供应商信任优势对供应商关系绩效的影响系数为正向显著（$\beta = 0.168$，$p < 0.05$）；在低契约完备性下，供应商信任优势对供应商关系绩效的影响系数为正向显著（$\beta = 0.285$，$p < 0.001$）。Chow 检验说明了两个样本中，回归系数存在显著差异（$F = 4.66$，$p < 0.001$）。表明了在低契约完备性下，供应商信任劣势对供应商关系绩效的负向作用更强，而供应商承诺优势对供应商关系绩效的正向作用更强。因此，假设 H4a 和 H4b 得到了验证。

在高契约完备性下，供应商承诺劣势对供应商关系绩效的影响系数为负向不显著（$\beta = -0.091$，$p > 0.1$）；在低契约完备性下，供应商承诺劣势对供应商关系绩效的影响系数为负向显著（$\beta = -0.312$，$p < 0.001$）。表明在低契约完备性下，供应商承诺劣势对供应商关系绩效的负向作用更强。因此，假设 H5a 得到了验证。进一步地，在高契约完备性下，供应商承诺优势对供应商关系绩效的影响系数为正向不显著（$\beta = $

0.099，p＞0.1）；而在低契约完备性下，供应商承诺优势对供应商关系绩效的影响系数为正向显著（β＝0.246，p＜0.01）。这就表明了在低契约完备性下，供应商承诺优势对供应商关系绩效的正向作用更强。因此，假设 H5b 得到了验证。

在高契约完备性下，供应商公平感知劣势对供应商关系绩效的影响系数为负向显著（β＝－0.215，p＜0.05）；在低契约完备性下，供应商公平感知劣势对供应商关系绩效的影响系数为负向显著（β＝－0.170，p＜0.05），而且回归系数绝对值更大，表明了在高契约完备性下，供应商公平感知劣势对供应商关系绩效的负向作用更强。这与我们预期相反。因此，假设 H6a 没有得到支持。

在高契约完备性下，供应商公平感知优势对供应商关系绩效的影响系数为正向不显著（β＝0.010，p＞0.1）；在低契约完备性下，供应商公平感知优势对供应商关系绩效的影响系数为正向不显著（β＝0.125，p＞0.1）。因此，结果表明在两种情境下，公平感知优势对供应商绩效的影响作用没有差异。因此，假设 H6b 也没有得到验证。

2. 法律体系不完备性的调节作用

通过对比表 5-5 中模型 5 和模型 6 的回归结果，我们发现，在高法律体系不完备性下，供应商信任劣势对供应商关系绩效的影响系数为负向显著（β＝－0.237，p＜0.001）；在低法律体系不完备性下，供应商信任劣势对供应商关系绩效的影响作用为负向不显著（β＝－0.030，p＞0.1）。这就表明在高法律体系不完备性下，供应商信任劣势对供应商关系绩效的负向作用更强，因此，假设 H7a 得到了数据的支持。进一步地，在高法律体系不完备性下，供应商信任优势对供应商关系绩效的影响系数为正向显著（β＝0.179，p＜0.1）；在低法律体系不完备性下，供应商信任优势对供应商关系绩效的影响系数为正向显著（β＝0.254，p＜0.001），而且回归系数更大。Chow 检验说明了两个样本中回归系数存在显著差异（F＝1.92，p＜0.05）。这就表明了在低法律体系不完备性下，供应商信任优势对供应商关系绩效的正向作用更强，与我们预期相反。

因此，假设 H7b 没有得到验证。

在高法律体系不完备性下，供应商承诺劣势对供应商关系绩效的影响系数为负向显著（β = -0.300，p < 0.001）；在低法律体系不完备性下，供应商承诺劣势对供应商关系绩效的影响系数为负向显著（β = -0.185，p < 0.05）。Chow 检验说明了两个样本中回归系数存在显著差异（F = 1.92，p < 0.05）。这就表明，在高法律体系不完备性下，供应商承诺劣势对供应商关系绩效的负向作用更强。因此，假设 H8a 得到了验证。进一步地，在高法律体系不完备性下，供应商承诺优势对供应商关系绩效的影响系数正向不显著（β = 0.165，p < 0.05）；而在低法律体系不完备性下，供应商承诺优势对供应商关系绩效的影响系数为正向不显著（β = 0.027，p < 0.01）。这就表明在高法律体系不完备性下，供应商承诺优势对供应商关系绩效的正向作用更强。因此，假设 H8b 得到了验证。

在高法律体系不完备性下，供应商公平感知劣势对供应商关系绩效的影响系数为负向显著（β = -0.178，p < 0.1）；在低法律体系不完备性下，供应商公平感知劣势对供应商关系绩效的影响系数为负向不显著（β = -0.132，p > 0.1）。这表明在高法律体系不完备性下，供应商公平感知劣势对供应商关系绩效的负向作用更强。因此，假设 H9a 得到了支持。进一步地，在高法律体系不完备性下，供应商公平感知优势对供应商关系绩效的影响系数为正向显著（β = 0.141，p < 0.1）；在低法律体系不完备性下，供应商公平感知优势对供应商关系绩效的影响系数为正向不显著（β = 0.124，p > 0.1）。这就表明在高法律体系不完备性下，供应商公平感知优势对供应商关系绩效的正向影响更强。因此，假设 H9b 得到了验证。

3. 调节效应的画图分析

为了更加明确地显示契约完备性和法律体系不完备性的调节效应，我们利用图示的方法来更加直观地展示研究结论。图 5 - 2 和图 5 - 3 分别显示了契约完备性和法律体系不完备性的调节作用。

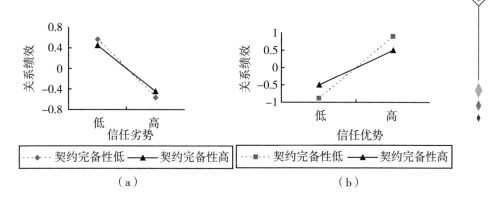

（a）　　　　　　　　　　　　　　（b）

图5 - 2　契约完备性的调节作用

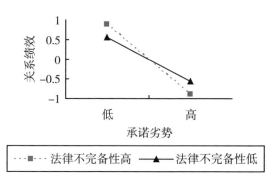

图5 - 3　法律体系不完备性的调节作用

图5 - 2显示了在高契约完备性和低契约完备性下，供应商信任优势和劣势分别对供应商关系绩效作用的变化。从图中可以清楚地看出，契约完备性对供应商信任劣势与关系绩效的调节作用显著，表现为在图5 - 2（a）中，两条线的斜率有明显差异，而且低契约完备性下，关系线条的斜率的绝对值更大（线条更陡峭）；同样地，契约完备性对供应商信任优势与供应商关系绩效的调节作用显著，表现为在图5 - 2（b）中，两条线的斜率有明显差异，而且低契约完备性下，关系线条的斜率的绝对值更大（线条更陡峭）。

图5 - 3显示了在低法律体系不完备性和高法律体系不完备性下，供应商承诺劣势分别对供应商关系绩效影响作用的变化。从图中可以清楚地看出，法律体系不完备性对供应商承诺优势与关系绩效的调节作用显著，表现为在图5 - 3中，两条线的斜率有明显差异，而且高法律体系不

完备性下，关系线条的斜率的绝对值更大（线条更陡峭）。

综上所述，除了假设 H6a、H6b 和 H7b 以外，本书的研究假设都得到了实证支持，假设验证结果汇总如表 5－6 所示。

表 5－6　　　　　　　　本书提出的假设及实证验证结果

假　设	验证结果
H1a：在供应商和分销商关系中，供应商信任劣势对供应商关系绩效负相关	支持
H1b：在供应商和分销商关系中，供应商信任优势对供应商关系绩效正相关	支持
H2a：在供应商和分销商关系中，供应商承诺劣势对供应商关系绩效负相关	支持
H2b：在供应商和分销商关系中，供应商承诺优势对供应商关系绩效正相关	支持
H3a：在供应商和分销商关系中，供应商分配公平感知劣势对供应商关系绩效负相关	支持
H3b：在供应商和分销商关系中，供应商分配公平感知优势对供应商关系绩效正相关	支持
H4a：相对于高契约完备性，在低契约完备性下，供应商信任劣势对供应商关系绩效的负向作用更强	支持
H4b：相对于高契约完备性，在低契约完备性下，供应商信任优势对供应商关系绩效的正向作用更强	支持
H5a：相对于高契约完备性，在低契约完备性下，供应商承诺劣势对供应商关系绩效的负向作用更强	支持
H5b：相对于高契约完备性，在低契约完备性下，供应商承诺优势对供应商关系绩效的正向作用更强	支持
H6a：相对于高契约完备性，在低契约完备性下，供应商分配公平感知劣势对供应商关系绩效的负向作用更强	不支持
H6b：相对于高契约完备性，在低契约完备性下，供应商分配公平感知优势对供应商关系绩效的正向作用更强	不支持

续表

假　设	验证结果
H7a：相对于低法律体系不完备性，在高法律体系不完备性下，供应商信任劣势对供应商关系绩效的负向作用更强	支持
H7b：相对于低法律体系不完备性，在高法律体系不完备性下，供应商信任优势对供应商关系绩效的正向作用更强	不支持
H8a：相对于低法律体系不完备性，在高法律体系不完备性下，供应商承诺劣势对供应商关系绩效的负向作用更强	支持
H8b：相对于低法律体系不完备性，在高法律体系不完备性下，供应商承诺优势对供应商关系绩效的正向作用更强	支持
H9a：相对于低法律体系不完备性，在高法律体系不完备性下，供应商分配公平感知劣势对供应商关系绩效的负向作用更强	支持
H9b：相对于低法律体系不完备性，在高法律体系不完备性下，供应商分配公平感知优势对供应商关系绩效的正向作用更强	支持

第 **6** 章

讨论与启示

针对本书所提出的研究问题，笔者在文献综述和企业访谈的基础上，以渠道交易关系为具体研究对象，检验了供应商与分销商间关系嵌入不对等对供应商企业绩效的影响作用。根据来自中国家用电器行业225对供应商和分销商的双边样本数据，检验了本书提出的概念模型和假设，除假设 H6a、H6b 和 H7b 之外，实证研究结果支持了本书预期的大部分假设。研究发现，在二元嵌入关系中，与分销商相比，供应商更多地嵌入在当前关系中，即当供应商面临信任劣势、承诺劣势和公平感知劣势时，会对供应商的绩效带来负面影响；相反地，与分销商相比，当供应商较少地嵌入在当前关系中，即当供应商面临信任优势、承诺优势以及公平感知优势时，会对供应商的绩效带来正面影响。这一结论使得我们能够更清楚地理解二元关系中，关系嵌入不对等是如何具体影响嵌入关系中企业的绩效。这意味着在交易关系中，企业需要把握关系嵌入的"度"，一旦本方过度嵌入时，关系嵌入不仅不会带来积极影响，反而会适得其反；进一步地，本书检验了契约完备性这一关系内部情景因素和法律体系不完备性这一外部环境因素对上述关系的调节作用，深入揭示了企业间嵌入关系对于企业绩效间关系的权变性，即嵌入关系水平对企业绩效的影响作用并不是一成不变的，它依赖于交易关系的内部交易情景因素和外部制度环境因素。

本章将在对实证分析结果深入讨论的基础上，进一步阐明本研究所提出的理论模型所体现的内在关系和研究结论的理论贡献、管理意义和政策意义。

6.1 假设结果的讨论

6.1.1 供应商和分销商关系嵌入不对等对供应商绩效的影响作用

1. 供应商和分销商间信任不对等对供应商绩效的影响

通过对供应商和分销商间信任不对等对供应商企业绩效的实证分析，本书发现：供应商的信任劣势对供应商的企业绩效具有负向作用；而供应商的信任优势则对供应商的企业绩效具有正向作用。研究结果表明，信任作为一种紧密的企业间关系连接，能为企业带来更多的信息共享（Larson，1992；Uzzi，1996）和关系满意（Aderson & Narus，1990；Mohr & Spekman，1994），并最终提高企业的绩效（Luo，2002）。然而，以往的研究大多理所当然地假定交易关系中的信任是相互的或者是相同的。本书支持了布劳尔、肖尔曼和陈（2000）的观点，证明了在交易关系中信任并不一定是相互的，也就是说在一个交易关系中，尽管 A 企业信任 B 企业，但是 B 企业可能不信任 A 企业，或者说 A 企业对 B 企业的信任水平和 B 企业对 A 企业的信任水平并不一定是相同的。那么，既然在交易关系中，信任的水平可能存在差异，而且是有风险的，这就要求企业在交易过程中，对合作作出信任时，需要考虑或者关注对方对自己作出信任的可能性有多大或者对方失信的可能性有多少。如果双方都愿意建立信任，那么才不会使自己处于风险的境地。进一步地，本书的研究结论表明，交易关系中的信任并不一定带来交易双方的互惠性行为（Schoorman，Mayer & Davis，2007；Brower，Schoorman & Tan，2000），即信任作为一种双边关系机制，发挥效果依赖于交易双方的共同努力和一致认同。当双方的信任存在不平衡时，过多信任的一方将会处于被动地位，甚至可能遭受经济损失。这一研究结论为更加深入地理解信任对合作关系的作用提供了全面和全新的解释。

与此同时，我们也认为信任需要与其他关系结构如依赖等相互匹配，才能发挥最优的效率。例如，当供应商信任与依赖水平不匹配时，即信任不足和信任过度，对渠道关系具有显著的负面影响，会显著地降低渠道关系绩效。其他研究成果已经指出，高依赖不一定会带来信任对绩效的"经济结果"，低依赖也不一定造成信任对绩效的"不经济"，这一关系取决于信任和依赖的相对水平。当信任和依赖水平匹配时，就会对企业绩效产生积极影响；相反地，当信任和依赖不匹配时，就会对绩效产生消极影响。本书的这一研究结论是对信任和企业绩效间关系研究文献的丰富和发展，同时也为这一关系的理论研究提供了全新的视角和理解。

2. 供应商和分销商承诺不对等对供应商绩效的影响

本书的研究结论表明：在供应商和分销商关系中，供应商的承诺劣势会对供应商的关系绩效产生负面影响；而供应商的承诺优势则会对供应商的关系绩效产生正面影响。这一实证结果证明了承诺在交易关系中能够发挥"担保"的作用。因此，相同的承诺水平有利于交易关系的稳定和强化；而不平衡的承诺水平则可能对较多承诺的一方带来交易风险，即较多承诺的一方可能会成为较少承诺一方的"剥削"的目标（Sollner，1999）。进一步地，本书的研究结果说明，平衡的承诺结构能够把交易双方的动机变得更加一致，并且向着共同的价值努力；而不平衡的承诺结构就可能为交易双方带来不一致的激励和动机（Gundlach，Achrol & Mentzer，1995）。因此，对于渠道成员而言，交易关系的建立和发展需要基于交易双方的共同承诺水平，只有这样才能够为交易双方带来共赢的结果，而不对等的承诺则可能导致交易关系中双方的不满意，这是因为较多承诺的一方可能成为较少承诺一方机会主义行为的目标（Berry & Parasuraman，1991；Morgan & Hunt，1994）。

3. 供应商和分销商分配公平感知不对等对供应商绩效的影响

实证结果表明，在供应商和分销商关系中，供应商的公平感知劣势会对供应商的关系绩效带来负面影响，而供应商的公平感知优势则会对供应商的关系绩效带来正面影响。这是因为，在交易关系中，企业总是追求交易的公平，特别是交易关系结果分配的公平。进一步地，企业对当前交易关系的公平感知会影响企业对当前交易关系效率的感知（Arino & Ring，2010；Ring & Ven de Ven，1994）。因此，在交易关系中，一旦一方认为从当前交易关系中获取的经济利益低于预期水平时，就会带来一系列负面的影响，如企业间冲突、机会主义甚至是交易关系的破裂（Samaha，Palmatier & Dant，2011）。进一步地，本书的研究结果表明，交易关系中企业不仅关注从当前交易关系中获得的经济利益与预期的经济利益的差异，更加关注自身从当前交易关系中获取的经济利益与合作伙伴从当前交易关系中获取的经济利益的相对水平，即当合作双方对当前交易关系中的公平感知水平存在差异时，低公平感知的一方就可能采取机会主义行为进行"报复"从而"补偿"自己的损失。

综上所述，本书的研究结果证明了企业间信任、承诺和公平感知等作为关系嵌入的要素，都是一种双边机制，真正地发挥作用必须依赖于交易双方的一致目标和共同努力。社会交换理论指出，人们在社会交往过程中，之所以会自愿地采取一些合作行为，是因为他们希望能够得到合作伙伴同样的行为作为回报。因此，一旦一方对于交易关系作出的努力没有得到合作伙伴的相应回报，那么做出努力的一方就肯定会遭受到经济损失。进一步地，本书的研究结论支持了乌兹（1997）、古拉蒂和西奇（2007）等提出的关系嵌入对企业绩效具有负面影响的观点，重点揭示了二元关系嵌入情景中，关系嵌入可能存在的负面作用。同时，本书的研究结论与以往关于渠道成员间关系对称性研究（Kumar，Scheer & Steenkamp，1995；Sollner，1999；Roy et al.，2004）的结论一致，那就是在交易关系中，任何关系因素的不对等都有在交易关系中产生机会主义行为可能。

6.1.2　交易关系内部因素和外部环境因素对上述关系的调节作用

1. 完备化的契约对供应商和分销商嵌入"困境"的缓解作用

本书关注了供应商和分销商关系中契约完备性对主效应的调节作用。实证结果表明，供应商和分销商之间完备的契约能够有效地减少供应商信任劣势、承诺劣势和公平感知劣势对供应商关系绩效的负面作用；相反地，不完备的契约则会加强供应商的信任优势、承诺优势和公平感知优势对供应商关系绩效的正向作用。交易成本理论指出，由于在交易中，人们都是利己导向的并且是有限理性的，为了追求利益就会采取一些机会主义行为（Williamson，1991）。因而，必须通过具有约束力的契约条款来促使交易双方共同努力，以达成契约条款中规定的事项，同时还要通过契约的形式来有效地规范和约束双方的交易行为。通过清晰、详尽和明确表达的契约条款，能够有效地限制交易双方可能采取机会主义的主要领域（Wuyts & Geyskens，2005）。本书的研究结论表明，完备化的契约为交易双方提供了一个完全的契约的灵活性，应对交易过程中可能出现的一些权变性因素（AL-Najjar，1995），完备化的契约作为企业间正式的控制机制，能够有效地减少在面临交易风险或者阻碍时合作伙伴间的利益冲突，协调交易伙伴之间的动机和行为，最终共同实现交易关系的收益（Mesquita & Brush，2008）。然而，事前信息不对称、不确定性等因素，使得契约完备性会存在差异。不完备的契约则会降低契约的灵活性，当交易伙伴的关系嵌入不对等时，不完备化的契约会给合作双方提供更多的机会主义行为的空间和可能。因此，当交易关系中交易双方嵌入不对等时，更加需要交易双方通过完备化的契约来规范合作伙伴的行为，保证自己的合理收益。

2. 外部法律体系对供应商和分销商关系嵌入"困境"的威慑作用

本书关注了外部环境法律体系不完备性对主效应的调节作用。实证结果表明，较高的法律体系完备性能够有效地降低供应商信任劣势、承诺劣势以及公平感知劣势对供应商关系绩效的负面影响；而较低的法律体系完备性则会加强供应商信任优势、承诺优势和公平感知优势对供应商关系绩效的正面作用。法律体系作为制度环境中重要的因素，会影响企业间交易过程中的行为选择和绩效结果（Luo，2005）。研究结论证明了，基于健全的法律制度和完善的法律基础设施之上的完备化的法律体系能够为企业提供一个标准化的解决问题的程序，同时也为处理双方合作过程中的冲突和争端提供了惯例方针（Lin & Wang，2008）。因此，完备化的法律体系是处于不对等关系嵌入的交易企业在价值创造和保护方面的有效工具（Lin & Wang，2008；Bagley，2005）。完备化的法律体系下，企业会更加依赖于通过契约等正式治理机制来规范和管理交易关系，而减少对关系非正式机制的依赖，从而能够有效地减少关系嵌入不对等给企业带来的单边收益或者损失；相反地，不完备的法律体系下，合作伙伴会有更强的动机来进行相互欺骗（Luo，2005）。由于缺少了外部法律体系的强力支撑，企业会降低对契约的使用，更加依赖于通过关系机制来协调和管理交易关系（Zhou & Poppo，2010），从而会加强关系嵌入不对等时，处于优势地位企业的收益和处于劣势企业的损失。

3. 未支持假设的解释和讨论

实证的结果表明，我们的数据很好地支持了本书的大部分假设。但是依然有三个假设没有得到支持（假设 H6a、H6b 和 H7b）。在假设 H6a 中，我们预期契约完备性会减弱供应商公平感知劣势对供应商关系绩效的负向作用。然而，与我们预期的削弱作用不同，本书发现契约完备性会加强供应商的公平感知劣势对关系绩效的负面作用，如图 6-1（a）所示。可能的原因在于，尽管完备化的契约能够有效防止相对于分销商，供应商在较高的公平感知下作出更多投资可能遭受的损失，但是因为较高的公平感知使得供应预期能从当前的交易关系中获取更多的回报，这种预期可能会大大刺激供应商维持交易关系、增加对当前交易关系的投资甚至在契约条款中作出利益让步的冲动。因此，对未来超额收益过高的预期会使得供应商在签订契约合同时作出牺牲和让步，这样就为未来的利益损失埋下了隐患，因为契约越完备，供应商"潜在"和"实际"的损失可能就越大。

同样地，在假设 H6b 中，本书预期契约完备性会减弱供应商公平感知优势和其关系绩效间正向作用。与预期不同的是，本书发现调节效应并不明显。可能的原因在于，一方面，尽管完备化的契约能够约束供应商利用分销商对于当前交易关系较高的公平感知，"要挟"或者"诱导"分销商作出利益让步和牺牲，甚至是采取机会主义行为来谋取利益，从而减少供应商的不合理收益；另一方面，分销商对当前交易关系较高的公平感知可能会促进分销商在实际交往过程中给予供应商更多的心理层面的"让步"或者是一些隐性的"方便"，如在销售区域给予供应商产品更多的展示和更加醒目的销售柜台等，而这些让步和便利并不包含在契约条款当中，这就会为供应商带来实实在在的好处，从而抵消了完备化契约可能带来的利润降低。因此，总体来看，契约完备性的调节作用就变得不显著了。

最后，在假设 H7b 中，本书预期，法律体系不完备性会加强供应商信任优势对供应商关系绩效的正向作用。与预期相反，实证检验结果表明，法律体系不完备性反而减弱了供应商信任优势对供应商关系绩效的正向作用，如图 6-1（b）所示。可能的解释在于，长期以来，我国法律体系建设的落后和不健全，使得人们不会过于关注外部法律体系所能够提供的保护和威慑作用，反而更加注重通过建立彼此间的关系和声誉来获取合作机会和约束交易行为。在具体交易关系当中，人们会更加看重合作伙伴声誉和以往的历史。因此，较高的外部法律体系不完备性反而会限制供应商利用其自身具有的信任优势采取机会主义行为谋取私利，因为在注重声誉的社会背景下，任何"小动作"都可能被无限放大，最终使自身遭受损失。进一步地，企业之间的合作往往集中在更窄的商业群体间，而且管理者之间往往具有更加紧密的私人关系，这些都可能制约供应商信任优势对企业绩效的正向作用。

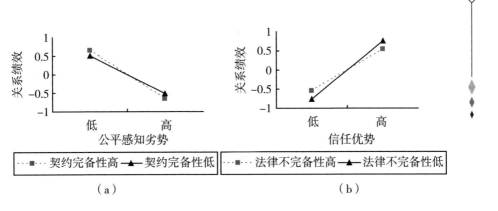

图6-1　未验证假设的调节

6.2　研究的理论意义

与现有文献相对比，本研究的理论贡献主要体现在以下四个方面。

1. 对社会嵌入理论的创新和发展

第一，本书在供应商和分销商关系情景下，引入关系嵌入这一重要的研究概念，并且在前人对关系因素研究的基础上，提出了供应商和分销商之间关系嵌入的形成因素。本研究深化了社会嵌入理论在渠道关系中的发展和应用，同时丰富了关系嵌入的内涵。本书创新性地提出，在供应商和分销商关系中，除了合作企业间建立相互依赖的关系之外，合作伙伴往往通过信任的建立、关系承诺的付出以及在交易过程中公平制度的保持三个方面的因素建立和维持嵌入关系，从而有效地加强企业间的合作。因此，本书揭示了渠道成员间关系嵌入的丰富内涵，填补了当前研究的空白。

第二，以往对于关系嵌入的研究大多倡导关系嵌入对于企业的积极作用，如增加企业的资源获取、隐性知识的获取等，极少有研究关注关系嵌入可能给嵌入企业带来的风险和损失。尽管关于社会嵌入理论的研究从理论上指出了"过度嵌入"所带来的负面作用，然而目前依然缺乏相关的实证研究。就目前我们所掌握的文献而言，本书首次探讨了供应商和分销商之间关系过度嵌入的具体内涵和测量指标，并且在此基础上实证检验了供应商关系过度嵌入对于其企业绩效的影响作用。研究结论表明，企业间关系嵌入的不对等的确会产生一系列负面作用，这一研究通过实证的方式有力地支持了社会嵌入理论学者关于"关系嵌入负面作用"的观点（Uzzi，1996；1997）。然而，本书的研究结论也得到了区别于以往对关系过度嵌入的观点，研究结论指出，企业间的关系嵌入不对等的情景并不一定对企业绩效产生负面影响，相反地，关系嵌入不对等情景会给处于相对嵌入不足的一方带来收益，尽管这种收益的长期性值得进一步研究。因此，本书对供应商和分销商间关系嵌入不对等的研究丰富和发展了社会嵌入理论，也为今后学者从事关系嵌入的相关研究提供了实证基础。

2. 对社会交换理论的贡献

社会交换理论指出，信任是企业对其交易伙伴的积极期望（Yu，Liao & Lin，2006），认为其交易伙伴是可信赖的、言行一致的（Anderson & Narus，1990；Dwyer & Oh，1987）。因此，信任本身的特征和性质意味着信任能够发挥非正式控制的作用，促进企业间的相互合作，有效地降低关系的风险。然而，在交易关系中，信任固然重要，但是信任并不是万能的。这是因为信任本身就存在着风险。理性选择论认为，信任别人本身就是一件很冒险的事，信任别人就等于将自己拥有的资源主动放到他人手里。因此，在作出信任选择时，企业必须权衡两样东西，一是潜在收益与潜在损失相比孰重孰轻，二是对方失信的可能性有多大（Coleman，1990）。以往的对企业间信任的研究大多基于这样一个假设——企业间的信任是对等的，而很少去讨论企业间信任的不对等可能带来的后果（Graebner，2009；Zaheer & Harris，2005）。本研究重点考察了渠道关系中信任不对等的问题，并讨论信任不对等对企业绩效的影响作用。本书证实了信任的确会带来风险，也就是当自己作出信任，而合作伙伴没有作出相同程度的信任时，对方失信的可能性就会比较高，自己也就会面临着损失的风险。因此，本研究证明了信任具有很强的局限性，这是对社会交换理论的重要补充和完善，丰富和拓展了营销关系中对信任的研究。

进一步地，社会交换理论指出，承诺是"合作伙伴从自己情感上或者从经济利益的评估上而做出的维持当前有价值的交易关系的一种愿望和需要"（Moorman，Zaltman & Deshpande，1992）。承诺有利于交易伙伴建立和维持长期的交易关系，交易伙伴为了交易关系的长期发展会作出自己的利益让步和协调，因此，承诺能够降低合作伙伴的行为不确定性，增强关系满意度，促进合作并最终提高企业绩效（Aderson & Weize，1992；Gilliland & Bello，2002）。然而，承诺在带来长期导向的同时，也可能为企业带来被"敲竹杠"的风险。这是因为当交易关系中的承诺存在不对等的局面时，较多承诺的一方就会面临着被较少承诺一方剥削的风险，即因为自己的较多承诺或投入而不得不作出让步或接受苛刻的契约条款（Ghemawat，1991；Sollner，1999）。本书的研究结论证明了供应商和分销商关系中，当自身处于过度承诺时，会给企业自己带来负面影响；而合作伙伴过度承诺时，则会对企业自己带来正面的影响（Ross，Aderson & Weize，1997）。因此，在交易中企业都不希望自己先过度承诺于对方，而更希望合作伙伴过度承诺于自己，这一研究结论也支持了罗斯、安德森和韦茨等（1997）的论断。

3. 对公平理论的贡献

公平理论指出，公平感知特别是分配公平作为一种组织间合作感知到的关键情境氛围因素，对合作行动的效率产生了关键的影响，能够促进合作伙伴对交易关系的满意度、增强关系投入、强化合作目标，并提高企业的绩效。然而，以往对公平理论的研究很少探讨合作伙伴间公平感知的差异，以及公平感知差异对企业绩效的影响作用，本书很好地弥补了这一研究空白。进一步地，与陆（2007）的研究结论一致，本书的研究结论也支持了对于联盟合作中公平的观点。结论证明，公平感知作为一种双边效用机制，依赖交易双方的协同努力，才能真正发挥公平的效力。而单方面的公平感知不足以建立和维持一种健康的、持续的交易关系，更无法从交易关系中获取共同高收益，这是因为单方面的公平不足以抵御合作过程中遇到的分歧和冲突。因次，本研究进一步丰富和发展了公平理论，阐明了公平理论发生作用的具体情景。

4. 对交易成本理论和制度理论的贡献

交易成本理论指出，由于交易关系中有限理性、交易专项资产以及不确定性的存在，交易双方为了追求自己的利益会采取一些机会主义行为。而关系契约的存在能够有效地约束和防范合作伙伴的机会主义行为，提供有效的控制机制。基于交易成本理论，本书检验了契约完备性这一基于交易成本理论的重要构件在供应商和分销商间关系过度嵌入时对供应商企业绩效的调节作用。本书的研究结论证明了完备化契约能够有效规范和保护企业在交易过程中的利益，在一定程度上缓解了供应商过度嵌入而带来的负面影响。这一研究结论拓展了交易成本理论的应用情景，证明了契约作为一种正式的控制机制，可以有效地弥补关系嵌入的缺陷。

进一步地，制度理论认为，除了市场环境，制度环境特别是法律制度环境作为环境的一个重要方面，对组织的行为具有重要的影响。本书检验了外部法律体系对企业间交易关系，特别是对特定的关系嵌入情境下企业间交易行为的影响作用。研究结论证明了，法律体系作为一种制度环境，能够有效地缓解企业所面临的"关系嵌入"不利局面，约束企业的交易行为。本书也检验了企业间关系嵌入和制度环境嵌入之间的互动作用，丰富和发展了以往研究对于制度理论的理解和观点。

6.3　研究的实践意义

本研究检验了供应商和分销商关系中，渠道成员间关系嵌入不对等对供应商关系绩效的影响，并进一步检验了契约完备性和法律体系不完备性对上述关系的调节作用。本研究的结论对于企业间交易关系的维系和发展具有重要的实践指导意义。

1. 关系嵌入对企业绩效的影响作用

以往的研究大多阐释了企业间关系嵌入的积极作用，本研究主要考察了企业间关系嵌入的消极作用。本研究证明了企业间关系过度嵌入对企业绩效具有显著的负面作用，即供应商的信任劣势、承诺劣势和公平感知劣势会对企业绩效带来负面作用；而供应商的信任优势、承诺优势和公平感知优势则会对企业绩效带来正面作用。这一研究结论打破了传统交易关系管理中对信任、承诺和公平的认识，揭示了企业间交易关系的本质，对从事企业间关系建立和维护的管理者具有重要的实践指导意义。研究结论指出，企业的管理者在建立和发展以信任、承诺和公平等为主的嵌入关系的同时，更应该保持清醒的认识，不能一味地为保持关系的长期稳定而无止境地作出信任、承诺、公平等情感投入，要及时评估合作伙伴的信任、承诺和公平水平，尽量保持彼此之间对关系投入和认知的同步和一致，这样才不会陷入"过度嵌入"的困境，使企业遭受损失。以信任为例，我们认为在渠道关系管理实践中，企业管理者不能一味地去建立信任机制，更需要时刻关注自身的信任是否处于最优水平，一旦信任超过或者低于最优水平，将会产生和信任本身相反的作用。同时，企业管理者需要对信任水平进行必要的监控，依赖、信息交换等因素的降低都有可能是产生非最优信任的一种潜在表现。这时，企业管理者就需要根据依赖程度调整自身在信任方面的投入水平，增加或者减少信任投入，从而实现两者的均衡，避免对企业绩效带来损害。

进一步地，本书的研究结论表明，尽管企业间的关系嵌入不对等可能带来交易关系的不稳定和交易关系中合作伙伴的机会主义行为等负面影响，但企业间的关系嵌入不对等带来的负面效应并不是绝对的，那就是对于处于关系嵌入优势的一方反而会产生短期的收益。因此，本书的研究结论也印证了为什么在实际的社会交换和社会交往过程中，人们总是希望对方能够先进行关系嵌入，即对当前的交易伙伴付出更多的信任、承诺以及对当前的交易关系存在更高的公平感知，而自身则不愿意过早地进行关系嵌入。这也告诉企业的管理者，在交易合作中，应该通过更多的途径和方式，让合作伙伴更多或者更早地对当前的交易关系进行情感投入和关系嵌入，从而获取更多的便利和收益。当然，这种局面可能不会持续太久，因为一方的收益是以另一方的损失为代价的，具体表现为，供应商关系绩效的收益意味着分销商关系绩效的损失，而供应商关系绩效的损失则意味着分销商关系绩效的收益。

2. 契约完备性对关系过度嵌入与企业绩效关系的调节作用

契约作为正式的法律机制，能够发挥威慑和控制的作用。本书的研究结论进一步证明了完备化契约的效力。这一调节作用启示企业管理者，在合作企业间关系管理过程中，不能忽视契约对于约束和规范双方的行为、保护自身正当合理利益的作用，特别是在双方合作更多地依赖于关系因素进行时，更加应该注重契约的运用。同时，在签订契约时，企业的管理者应该尽可能地通过协商和沟通，将可能产生冲突和分歧的事项都包含在契约条款中，同时应该保证契约条款的具体化、可操作化，这样才能在面临双方的利益分歧时，真正发挥契约的效力，发挥保护作用。

3. 法律体系不完备性对关系嵌入不对等与供应商企业绩效关系的调节作用

法律体系不完备性是影响和决定企业战略的重要权变因素。本书的研究结论表明，法律体系不完备性加剧了企业间关系不平衡，即供应商关系过度嵌入对其绩效具有负面作用。这一研究结论对于企业管理者，特别是对处于新兴经济市场中的企业管理者来讲，具有重要的现实意义。中国作为最大的发展中国家，最近30多年持续保持着经济的快速发展。然而，新兴经济市场中政府政策、行业制度、产业集中度以及最近经济转型和产业升级等因素的存在，导致了中国的法律体系建设相对落后和不健全。因此，在新兴市场中，法律体系不完备性对企业间的合作关系产生重要的影响。企业管理者面临着更加严峻的威胁和挑战，需要警惕在当前法律制度环境下，企业间关系不平衡可能带来的负面作用，更加关注企业间关系特别是合作伙伴的变化，保持敏锐的头脑，及时根据合作伙伴的行为调整自己的战略，保证自己在企业间关系中处于优势和主动地位，避免陷入被动而遭受损失。

6.4 研究的政策意义

由于本书研究过程中考虑了外部法律体系不完备性对企业间交易关系的影响，而且本书的研究对象均为新兴经济市场中的家电行业，所以本书的研究也具有一定的政策意义。

我国目前正处于市场经济主体地位建设进程的攻坚阶段。在以市场经济为主体的市场秩序中，政府到底处于什么地位、应该发挥什么样的职能一直都是政府和企业家关注和讨论的焦点。本研究为更加全面地理解和解决这一问题提供了可能的建议。

本书发现，在以往企业交易的过程中，企业间会倾向于建立和发展紧密的、牢固的嵌入关系来获取竞争优势。然而，在市场化的交易过程中，企业间的嵌入关系也会存在很多负面作用，如何更加有效地规范企业间的交易行为、保护企业的利益，不仅仅是企业管理者需要考虑的问题，同样也是政府需要考虑的事情，因为，只有建立和发展一个机制健全、交易高效、保障公平的市场经济交易秩序，才能吸引和鼓励更多的企业参与市场竞争。同时，也只有建立和维持一个利益和产权有保障的市场环境，才能促进企业的创新，促进经济的发展。本书的研究结论表明，一方面，企业间通过事前签订完备化的契约条款能够有效地减少"过度嵌入"所带来的负面作用；另一方面，高度完善和健全的法律体系也是企业可以诉诸的解决途径。然而，无论是完备化的契约还是高度健全的外部法律体系都依赖于政府的职能。其一，外部法律体系的建设和完善一直都是政府的主要职能。因此，政府应该更加关注如何全面、完善的建立和健全法律体系，使得法律制度深入和渗透到市场经济中的每一个环节，才能够有效地发挥法律体系的威慑作用，体现法律体系的制裁作用。其二，尽管从表面上看，签订完备的契约条款是市场中交易主体需要考虑的事情，但是从更深层次上看，完备的契约条款的有效执行更加依赖于外部法律体系以及法律仲裁和执行部门的力度和职能。因此，契约完备性功能的完全发挥更需要外部法律作为后盾，需要法律执行部门提供支持。

总而言之，在完全市场经济的交易环境下，市场中的每个交易主体都是利益导向的，而合作伙伴为了有效减少彼此之间的过渡利益追求，选择通过建立和维持一种嵌入的合作关系来规范和约束双方的交易行为，实现交易的有效性和持续性。然而，仅仅依赖市场中交易主体的嵌入关系作为约束是远远不够的，随着嵌入关系的动态发展，依然会使得均衡、有序的交易关系变得充满"投机"或者"剥削"。这时候，必须依赖政府的"看得见的手"，进行市场中交易主体行为的监管，并对企业简单利益纠纷和投机行为进行处理和解决。因此，有效的市场交易秩序的建立和运行，需要政府提供政策支持和采取有力的措施，这样市场交易秩序才能够发挥最好的效率。政府的决策制定者和相关行业的监管部门需要及时地出台和制定相关的法律法规，并建立与之相配套的执行和实施机构，来不断促进企业间交易有序、持续、高效地开展。

第 7 章

结论与展望

随着市场竞争的日趋激烈和知识经济的兴起，越来越多的供应商开始谋求与分销商维持密切的交易关系，以增加渠道关系收益并获取仅凭借自身力量无法获取的竞争优势。为了与合作伙伴构建这种紧密的关系，企业往往愿意高度信任合作伙伴，对当前的交易关系作出承诺，并致力于维持公平的交易关系。渠道成员间密切的交易关系可以有效地把交易双方联结在一起，增加交易双方的相互协调和积极合作，减少机会主义行为，提高企业的绩效。然而，企业间这种紧密的嵌入交易关系在为企业带来收益的同时，也存在一些潜在的风险。因此，从理论上理清关系嵌入的内涵和表现形式为我们更好地理解交易关系中的关系嵌入提供了可能。同时，在理论基础上进一步探讨交易关系中的关系嵌入不对等对企业绩效的影响作用，有助于我们更加深入地理解企业间交易关系的动态性和不平衡性，也有助于渠道成员间关系的健康持续发展，更有利于企业绩效的提升。本书正是基于这一现实背景而展开的。

针对在绪论中所提出的研究问题，本书首先回顾了有关企业间二元关系嵌入的内涵和要素（包括信任、承诺和分配公平）、关系绩效、契约完备性、法律体系不完备性等因素的相关研究文献，发现了一些存在争议的问题或有待于进一步探讨的空白。针对这些研究的不足，本书确定以供应商—分销商关系为具体研究对象，基于社会嵌入理论、关系交换理论、公平理论、交易成本理论和制度理论等，提出了本书的概念模型和相关假设，并收集了来自中国家用电器行业的 225 对供应商—分销商样本数据，利用最优尺度回归和不同样本回归系数比较的方法对主效应和调节效应进行了检验，实证结果大体上支持了本书提出的概念模型和假设。本书加深了人们对于企业间关系嵌入不对等对企业绩效影响的全面理解，丰富了现有营销渠道管理文献，具有理论和实践指导意义。在本章接下来的部分，将回顾本书的主要结论，提炼出本书的主要创新点，并归纳本书的局限性，指出进一步的研究思路和方向。

7.1　本书的结论

通过研究，本书得出了如下结论：

结论 1：在供应商和分销商关系中，供应商的信任劣势降低了供应商的关系绩效，而供应商的信任优势则促进了供应商的关系绩效。

结论 2：在供应商和分销商关系中，供应商的承诺劣势降低了供应商的关系绩效，而供应商的承诺优势则促进了供应商的关系绩效。

结论 3：在供应商和分销商关系中，供应商的分配公平感知劣势降低了供应商的关系绩效，而供应商的分配公平感知优势则促进了供应商的关系绩效。

结论 4：相对于高契约完备性，在低契约完备性下，供应商信任劣势对供应商关系绩效的负向作用更强，而供应商信任优势对其关系绩效的正向作用更强；相对于高契约完备性，在低契约完备性下，供应商承诺劣势对供应商关系绩效的负向作用更强，而供应商承诺优势对供应商关系绩效的正向作用更强；相对于高契约完备性，在低契约完备性下，供应商分配公平感知劣势对供应商关系绩效的负向作用更强，而供应商分配公平感知优势对供应商关系绩效的正向作用更强。

结论 5：相对于低法律体系不完备性，在高法律体系不完备性下，供应商信任劣势对供应商关系绩效的负向作用更强，而供应商信任优势对其关系绩效的正向作用更强;相对于高契约完备性,在低契约完备性下,供应商承诺劣势对供应商关系绩效的负向作用更强,而供应商承诺优势对供应商关系绩效的正向作用更强;相对于高契约完备性,在低契约完备性下,供应商分配公平感知劣势对供应商关系绩效的负向作用更强,而供应商分配公平感知优势对供应商关系绩效的正向作用更强。

总体而言,本研究达到了预期的目标,除了假设 H6a、H6b 和 H7b 外,本书的假设都得到了实证结果的支持。通过对各假设支持情况的讨论,以及对假设体现出的理论意义和管理意义进行深入分析,我们认为本研究是对现有研究的进一步深化和拓展,本书的结论具有很强的理论贡献,对企业的管理实践具有一定的指导意义。

7.2 本书的创新点

本书基于中国家电行业中供应商和分销商的营销渠道情景,构建了包括供应商和分销商的关系嵌入不对等、契约完备性、法律体系不完备性和供应商关系绩效在内的分析框架。在社会嵌入理论、交易成本理论和制度理论的基础上,提出了一个整合的概念模型。本书指出,供应商和分销商关系中,当供应商过度嵌入,供应商的信任、承诺和公平感知劣势会对供应商的关系绩效带来负面影响;相反地,当分销商"过度嵌入"时,供应商的信任、承诺和公平感知优势会对供应商的关系绩效带来正面影响;进一步地,本书认为交易关系内部的契约完备性和交易关系外部的法律体系不完备性会对上述关系产生调节作用。本书的研究结论针对中国渠道管理实践的现状,解释了以往研究中的争论,补充了以往研究的不足,丰富了现有的研究文献,对我国的渠道实践具有一定的现实指导意义。

与以往相关研究相比,本书的创新点与贡献主要体现在以下几个方面:

首先,本书揭示了供应商和分销商之间关系嵌入不对等对企业绩效的影响作用。以往对于供应商和分销商关系嵌入的研究存在着两种不同的观点：一种观点是从关系嵌入作为一种关系资本的视角出发，认为关系嵌入作为一种强联结，能够把交易伙伴紧密地绑定在一起，增加交易伙伴间稀缺资源的获取、价值信息的共享和隐性知识的转移，从而为企业带来竞争优势，最终促进企业绩效的增长（Uzzi，1996；Dhanaraj et al.，2004；Mcevily & Marcus，2005）；另一种观点则从关系嵌入可能带来的风险的视角出发，认为关系过度嵌入会产生被"锁定"的风险、认知绑定的风险以及企业建立关系能力降低等负面后果，从而遭受合作伙伴的机会主义行为，丧失外部市场机会，降低企业创新能力，从而阻碍企业绩效的增长（Uzzi，1997；Gargiulo & Benassi，2000；Lechner，Dowling & Welpe，2006）。

本书的研究结论证明，企业间的关系过度嵌入的确会对交易关系产生负面作用，即带来交易关系的不稳定、合作伙伴的机会主义行为等更强的"剥削"动机。因此，本书从实证上支持了以往的观点。同时，相对于以往关于关系嵌入负面作用的文献大都基于关系网络情景，很少具体地探讨二元关系或者双边嵌入关系中，关系嵌入负面作用的具体作用机理和作用效果。因此，本书是对关系嵌入负面作用观点的又一发展和补充。

进一步地，本书的研究结论表明，尽管企业间的关系嵌入不对等可能带来交易关系的不稳定和交易关系中合作伙伴的机会主义行为等负面影响，关系嵌入不对等带来的负面效应并不是绝对的，那就是对于处于关系嵌入优势的一方反而会产生短期的收益，这是以往的理论研究中没有探讨的空白。因此，本书进一步丰富和完善了嵌入理论的理论内涵。

其次，通过本书的访谈和实证分析，我们发现企业间合作过程中的信任不对等的确是存在的，而以往关于信任的研究大多认为，企业合作伙伴间共享着同等水平的信任。古拉蒂和西奇（2008）曾指出，以往对于信任研究的不足之一就是忽略了对于信任不对等的研究，"我们依然不清楚哪些因素导致了企业间信任的不对等，多大程度的信任不对等是可以接受的，以及信任不对等对于企业间二元关系产生哪些动态的影响"。

因此，本书弥补了当前企业间关系研究，特别是对信任研究的不足，从实证上支持和检验了企业间信任不对等的存在和影响作用。因此，本书从理论上丰富和发展了企业间信任的研究。

再次，本书揭示了契约完备性对供应商关系过度嵌入和供应商企业关系绩效之间关系的调节作用。研究结论显示，相对于完备化的契约，不完备化的契约会加强供应商信任劣势、承诺劣势以及公平感知劣势对供应商关系绩效的负面作用；同时加强供应商信任优势、承诺优势、公平感知优势对供应商关系绩效的正向作用。这一结论从交易成本理论的角度解释了企业间契约控制机制对企业间关系交易的规范和保护，契约作为正式的控制机制，能够有效地规范交易伙伴间的机会主义行为；进一步地，这一研究结论也拓展了当前理论界对于非正式机制和正式机制之间关系互动作用的研究，证明了正式机制能够为非正式机制提供必要的控制基础，有效地减少或者弥补非正式机制可能带来的潜在风险。

最后，本书揭示了法律体系不完备性对供应商与分销商间关系嵌入不对等与供应商关系绩效之间关系的调节作用。研究结论显示，相对于较低程度的法律体系不完备性，较高程度的法律体系不完备性会加强供应商信任劣势、承诺劣势和公平感知劣势对供应商关系绩效的负向作用；同样地，加强了供应商信任优势、承诺优势和公平感知优势对供应商关系绩效的正向作用。这一研究结论证明，完善的法律体制作为一种正式化、程序化和标准化的社会制度因素，能够为经济交换提供必要的保障，同时为处理交易过程中的一些突发性事件或者纠纷提供了解决方案或者指导方针。

总体而言，本书通过对供应商和分销商嵌入关系的研究，深层次地挖掘了关系嵌入的丰富内涵，并清楚地界定了供应商和分销商间关系嵌入不对等的表现形式和测量构件，并在此基础上进行了实证检验，构建了供应商和分销商关系嵌入不对等、供应商关系绩效以及契约完备性、法律体系不完备性等因素间相互作用的模型。本研究采用了配对调研的方法，分别向制造商和分销商发放问卷，从而获得了 225 对配对数据，在一定程度上弥补了以往研究中从单边测量双方数据的缺陷，避免了共同方法偏差的问题，获取了更准确、有效的数据（Lusch & Brown，1996；Kim & Hsieh，2003；Van Bruggena et al.，2005）。本书的研究结论有助于解决现有研究中有关企业关系嵌入能够促进还是降低企业绩效的争论，并在理论上给出了解释，加深了人们对企业间关系嵌入的深刻理解，并且更加全面地阐述了关系嵌入在企业间交易中发挥的作用和效果，进一步检验了契约完备性和法律体系不完备性对关系嵌入不对等和供应商关系绩效间关系的调节作用，也为我们管理和应对企业间关系嵌入不对等这一问题提供了可供选择的管理措施。因此，本书丰富并发展了现有的企业间关系管理文献，为更好地建立和维持企业间的密切交易关系，保持交易关系健康持续发展提供了必要的理论指导。

7.3　本书的局限性和未来研究展望

尽管本研究基本达到了预期的研究目标，但也存在一定的局限性，主要表现在以下四个方面：

第一，本研究对关系嵌入不对等的测量方法有待进一步丰富和完善。本研究首次对企业间关系嵌入因素的内涵进行了分析，并清楚地界定了企业间关系嵌入的形成要素。本研究虽然弥补了以往研究的不足，然而企业间关系嵌入仍然包含其他形成要素，比如企业间规范、个人关系等。因此，今后的研究需要不断丰富和扩展企业间关系嵌入的内涵和形成要素。同时，本书借鉴了以往对于企业间依赖结构测量的方法，利用企业间关系要素的相对差异对企业间关系过度嵌入进行测量。然而学术界依然存在着其他的测量方法，比如绝对差异。今后的研究可以使用更加多样化的测量方法来检验结论有无差异。

第二，本书检验了企业间关系嵌入的不对等对供应商关系绩效的影响作用，而没有关注企业间共同嵌入的水平可能对上述关系带来的影响作用。以往研究企业间关系不对等的学者就指出，在关注企业间关系因素相对差异的同时，需要关注企业间关系因素的共同水平或者总和的影响作用（Gulati & Sytch，2007）。也就是说，在不同的企业间关系共同嵌入水平下，企业间关系嵌入差异对企业绩效的影响作用可能也会存在不同。因此，今后相关的研究可以进一步考察企业间关系嵌入总体水平、企业间关系嵌入差异对企业绩效间关系的直接作用和交互作用。

第三，本书只提出了两个可能影响供应商关系过度嵌入与供应商关系绩效的因素，即契约完备性与法律体系不完备性。除了本书关注的因素之外，还有许多其他的因素会影响这一关系，如企业间的关系规范（Cannon，Achrol & Gundlach，2000）、专项资产（Anderson & Weitz，1992）、权力结构（Van der Vegt & de Jong，2009）等，应该在未来的研究中继续关注这些因素。

第四，本书以中国家用电器行业作为数据收集和实证调研的对象，这使得本书在研究中不需要考虑行业特点差异对本书各因素间关系可能带来的影响。然而采用单一行业的方法也使得本书的研究结论具有一定的局限性。显而易见，不同的行业具有不同的特征，这种行业特征必然会对行业内企业协调和处理彼此间的交易关系产生影响。因此，在未来的研究中，需要进一步考虑利用其他行业中收集的数据来验证本书的研究假设，以检验本书概念模型和假设的普遍适用性。同时，除了在不同的行业进行重复验证之外，还可以考虑收集其他国家的数据，来验证本书的研究假设。众所周知，作为一个典型的发展中国和新兴经济市场，中国具有与西方国家不同的经济和社会背景，因而处于不同国家文化背景下的企业在协调企业间交易关系的时候可能会存在不同的行为特征。因此，今后的研究可以在不同的文化背景和市场环境下进行，分别检验和比较本书中的概念模型和假设，这将具有更大的理论和现实意义。

参 考 文 献

［1］ Babbie E. 社会研究方法 ［M］. 北京：清华大学出版社，2003.

［2］ 侯杰泰，温忠麟，成子娟. 结构方程模型及其应用 ［M］. 北京：经济科学出版社，2004.

［3］ 李怀祖. 管理研究方法论（第二版）［M］. 西安：西安交通大学出版社，2004.

［4］ 李垣，杨知评，史会斌. 程序公平和分配公平影响联盟绩效的机理研究 ［J］. 管理学报，2009，6（6）：759 - 766.

［5］ 刘益，曹英. 关系稳定性与零售商感知的机会主义行为——直接影响与供应商承诺的间接影响 ［J］. 管理学报，2006，3（1）：64 - 69.

［6］ 吕晓俊. 绩效评估过程中组织公平感结构的实证研究 ［J］. 人类工效学，2005，11（4）：24 - 26.

［7］ 吴明隆. SPSS 统计应用实务 ［M］. 北京：中国铁道出版社，2000.

［8］ 吴明隆. SPSS 统计应用实务 ［M］. 北京：中国铁道出版社，2001.

［9］ 亚当·斯密. 道德情操论 ［M］. 北京：商务印书馆，1997.

［10］ 张文彤. SPSS 统计分析高级教程 ［M］. 北京：高等教育出版社，2004.

［11］ Achrol R. S. , Gundlach G. T. Legal and social safeguards against opportunism in exchange ［J］. Journal of Retailing, 1999, 75（1）：107 - 124.

［12］ Achrol R. S. Evolution of the marketing organization: New forms for turbulent environments ［J］. Journal of Marketing, 1991, 55（4）：77 - 93.

［13］ Adams J. S. Inequity in social exchange ［M］. New York: Academic Press, 1965.

［14］ Adams J. S. Towards an understanding of inequity ［J］. The Journal of Abnormal and Social Psychology, 1963, 67 (5): 422.

[15] Ahuja G. Collaboration networks, structural holes, and innovation: A longitudinal study [J]. Administrative Science Quarterly, 2000, 45 (3): 425 – 455.

[16] Alexander S. , Ruderman M. The role of procedural and distributive justice in organizational behavior [J]. Social Justice Research, 1987, 1 (2): 177 – 198.

[17] Al-Najjar N. I. Incomplete contracts and the governance of complex contractual relationships [J]. The American Economic Review, 1995, 85 (2): 432 – 436.

[18] Ambrose M. L. , Schminke M. Organization structure as a moderator of the relationship between procedural justice, interactional justice, perceived organizational support, and supervisory trust [J]. Journal of Applied Psychology, 2003, 88 (2): 295 – 305.

[19] Andaleeb S. S. An experimental investigation of satisfaction and commitment in marketing channels: The role of trust and dependence [J]. Journal of Retailing, 1996, 72 (1): 77 – 93.

[20] Anderson E. , Weitz B. Determinants of continuity in conventional industrial channel dyads [J]. Marketing science, 1989, 8 (4): 310 – 323.

[21] Anderson E. , Weitz B. The use of pledges to build and sustain commitment in distribution channels [J]. Journal of Marketing Research, 1992, 29 (1): 18 – 34.

[22] Anderson J. C. , Narus J. A. A model of distributor firm and manufacturer firm working partnerships [J]. Journal of Marketing, 1990, 54 (1): 42 – 58.

[23] Arino A. , Ring P. S. The role of fairness in alliance formation [J]. Strategic Management Journal, 2010, 31 (10): 1054 – 1087.

[24] Armstrong J. S. , Overton T. S. Estimating Nonresponse Bias in Mail Surveys [J]. Journal of Marketing Research, 1977, 14 (3): 396 – 402.

［25］Aulakh P. S. , Kotabe M. , Sahay A. Trust and performance in cross-border marketing partnerships: A behavioral approach ［J］. Journal of International Business Studies, 1996, 27 (5): 1005 – 1032.

［26］Axelrod R. , Hamilton W. D. The evolution of cooperation ［J］. Science, 1981, 211 (27): 1390 – 1396.

［27］Bagley C. E. Winning legally: How to use the law to create value, marshal resources, and manage risk ［M］. Boston, MA: Harvard Business Press, 2005.

［28］Bagozzi R. P. , Yi Y. , Phillips L. W. Assessing construct validity in organizational research ［J］. Administrative Science Quarterly, 1991, 36 (3): 421 – 458.

［29］Bagozzi R. P. , Yi Y. On the evaluation of structural equation models ［J］. Journal of The Academy of Marketing Science, 1988, 16 (1): 74 – 94.

［30］Barber B. All economies are "embedded": The career of a concept, and beyond ［J］. Social Research, 1995, 62 (2): 387 – 413.

［31］Barber B. The logic and limits of trust ［M］. New Brunswick, NJ: Rutgers University Press, 1983.

［32］Barney J. B. , Hansen M. H. Trustworthiness as a source of competitive advantage ［J］. Strategic Management Journal, 1994, 15 (S1): 175 – 190.

［33］Baron R. M. , Kenny D. A. The moderator——mediator variable distinction in social psychological research: Conceptual, strategic, and statistical considerations ［J］. Journal of Personality and Social Psychology, 1986, 51 (6): 1173 – 1182.

［34］Becker H. S. Notes on the concept of commitment ［J］. American Journal of Sociology, 1960, 66 (1): 32 – 40.

［35］Bensaou M. , Venkatraman N. Configurations of interorganizational relationships: A comparison between US and Japanese automakers ［J］. Management Science, 1995, 41 (9): 1471 – 1492.

［36］ Berry L. L. Marketing services: Competing through quality ［M］. New York: The Free Press, 1991.

［37］ Bevan A., Estrin S., Meyer K. Foreign investment location and institutional development in transition economies ［J］. International Business Review, 2004, 13（1）: 43 – 64.

［38］ Bhattacharya R., Devinney T. M., Pillutla M. M. A formal model of trust based on outcomes. ［J］. Academy of management review, 1998, 23（3）: 459 – 472.

［39］ Bies R. J., Moag J. S. Interactional justice: Communication criteria for fairness ［M］. Greenwich, CT: JAI Press, 1986.

［40］ Blau P. M. Exchange and power in social life ［M］. New York: John Wiley & Sons, 1964.

［41］ Blumberg B. F. Cooperation contracts between embedded firms ［J］. Organization Studies, 2001, 22（5）: 825 – 852.

［42］ Boon S. D., Holmes J. G. The dynamics of interpersonal trust: Resolving uncertainty in the face of risk ［M］// In Hinde RA, Groebel J（eds.）. Cooperation and prosocial behavior. Cambridge University Press: Cambridge, England, 1991: 190 – 211.

［43］ Boyer K. K., Verma R. Muitiple Raters in survey-based operations management research: A review and tutorial ［J］. Production and Operations Management, 2000, 9（2）: 128 – 140.

［44］ Boyle R., Bonacich P. The development of trust and mistrust in mixed-motive games ［J］. Sociometry, 1970: 123 – 139.

［45］ Brockner J., Adsit L. The moderating impact of sex on the equity-satisfaction relationship: A field study ［J］. Journal of Applied Psychology, 1986, 71（4）: 585.

［46］ Brower H. H., Schoorman F. D., Tan H. H. A model of relational leadership: The integration of trust and leader-member exchange ［J］. The Leadership Quarterly, 2000, 11（2）: 227 – 250.

〔47〕 Brown J. R. , Cobb A. T. , Lusch R. F. The roles played by interorganizational contracts and justice in marketing channel relationships 〔J〕. Journal of Business Research, 2006, 59 (2): 166-175.

〔48〕 Brown J. R. , Lusch R. F. , Nicholson C. Y. Power and relationship commitment: Their impact on marketing channel member performance 〔J〕. Journal of Retailing, 1996, 71 (4): 363-392.

〔49〕 Brown T. L. , Potoski M. , Van Slyke D. M. Trust and contract completeness in the public sector 〔J〕. Local Government Studies, 2007, 33 (4): 607-623.

〔50〕 Butler J. K. Toward understanding and measuring conditions of trust: Evolution of a conditions of trust inventory 〔J〕. Journal of Management, 1991, 17 (3): 643-663.

〔51〕 Camerer C. Bounded rationality in individual decision making 〔J〕. Experimental Economics, 1998, 1 (2): 163-183.

〔52〕 Campbell A. J. The antecedents and outcomes of cooperative behaviour in international supply markets 〔J〕. Unpublished dissertation, 1994.

〔53〕 Campbell D. T. The informant in quantitative research 〔J〕. American Journal of sociology, 1955, 60 (4): 339-342.

〔54〕 Cannon J. P. , Achrol R. S. , Gundlach G. T. Contracts, norms, and plural form governance 〔J〕. Journal of The Academy of Marketing Science, 2000, 28 (2): 180-194.

〔55〕 Carte T. A. , Russell C. J. In pursuit of moderation: Nine common errors and their solutions 〔J〕. Mis Quarterly, 2003, 27 (3): 479-501.

〔56〕 Chatterjee S. , Price B. Regression diagnostics 〔M〕. New York: John Wiley & Sons, 1991.

〔57〕 Chen Y. Promises, trust, and contracts 〔J〕. Journal of Law, Economics, and Organization, 2000, 16 (1): 209-232.

〔58〕 Cho J. The mechanism of trust and distrust formation and their relational outcomes 〔J〕. Journal of Retailing, 2006, 82 (1): 25-35.

［59］Chow S. , Holden R. Toward an understanding of loyalty: The moderating role of trust ［J］. Journal of Managerial Issues, 1997, 9 (3): 275 – 298.

［60］Chung J. E. , Sternquist B. , Chen Z. Retailer-Buyer supplier relationships: The Japanese difference ［J］. Journal of Retailing, 2006, 82 (4): 349 – 355.

［61］Chung S. A. , Singh H. , Lee K. Complementarity, status similarity and social capital as drivers of alliance formation ［J］. Strategic Management Journal, 2000, 21 (1): 1 – 22.

［62］Churchill Jr G. A. A paradigm for developing better measures of marketing constructs ［J］. Journal of Marketing Research, 1979, 16 (1): 64 – 73.

［63］Claro D. P. , Hagelaar G. , Omta O. The determinants of relational governance and performance: How to manage business relationships? ［J］. Industrial Marketing Management, 2003, 32 (8): 703 – 716.

［64］Cohen A. Commitment before and after: An evaluation and reconceptualization of organizational commitment ［J］. Human Resource Management Review, 2007, 17 (3): 336 – 354.

［65］Cohen J. , Chohen P. Applied mutiple regression/corelation analysis for the behaviral research ［M］. Hillsdale NJ: Erlbaum, 1983.

［66］Cohen-Charash Y. , Spector P. E. The role of justice in organizations: A meta-analysis ［J］. Organizational Behavior and Human Decision Processes, 2001, 86 (2): 278 – 321.

［67］Cole M. S. , Bernerth J. B. , Walter F. , et al. Organizational justice and individuals' withdrawal: Unlocking the influence of emotional exhaustion ［J］. Journal of Management Studies, 2010, 47 (3): 367 – 390.

［68］Colman J. S. Foundations of social theory ［M］. Cambridge, MA: Belknap, 1990.

［69］Colquitt J. A. , Conlon D. E. , Wesson M. J. , et al. Justice at the millennium: a meta-analytic review of 25 years of organizational justice research

[J]. Journal of Applied Psychology, 2001, 86 (3): 425 –445.

[70] Colquitt J. A. On the dimensionality of organizational justice: A construct validation of a measure [J]. Journal of Applied Psychology, 2001, 86 (3): 386 –400.

[71] Combs J. G., Ketchen Jr D. J. Why do firms use franchising as an entrepreneurial strategy? A meta-analysis [J]. Journal of Management, 2003, 29 (3): 443 –465.

[72] Cook J., Wall T. New work attitude measures of trust, organizational commitment and personal need non-fulfilment [J]. Journal of Occupational Psychology, 1980, 53 (1): 39 –52.

[73] Coote L. V., Forrest E. J., Tam T. W. An investigation into commitment in non-Western industrial marketing relationships [J]. Industrial Marketing Management, 2003, 32 (7): 595 –604.

[74] Crook T. R., Ketchen Jr D. J., Combs J. G., et al. Strategic resources and performance: A meta-analysis [J]. Strategic Management Journal, 2008, 29 (11): 1141 –1154.

[75] Cropanzano R., Greenberg J. Progress in organizational justice: Tunneling through the maze [C] // In Cooper CL, Roberson IT. International review of industrial and organizational psychology. New York: Wiley, 1997: 317 –372.

[76] Cullen J. B., Johnson J. L., Sakano T. Japanese and local partner commitment to IJVs: Psychological consequences of outcomes and investments in the IJV relationship [J]. Journal of International Business Studies, 1995, 26 (1): 91 –115.

[77] Dacin M. T., Ventresca M. J., Beal B. D. The embeddedness of organizations: Dialogue & directions [J]. Journal of Management, 1999, 25 (3): 317 –356.

[78] Dahlstrom R., Nygaard A. An exploratory investigation of interpersonal trust in new and mature market economies [J]. Journal of Retailing,

1995, 71（4）：339 – 361.

［79］ Das T. K. , Teng B. S. Between trust and control: Developing confidence in partner cooperation in alliances ［J］. Academy of Management Review, 1998, 23（3）：491 – 512.

［80］ Das T. K. , Teng B. S. Trust, control, and risk in strategic alliances: An integrated framework ［J］. Organization studies, 2001, 22（2）：251 – 283.

［81］ Davis L. E. , North D. C. , Smorodin C. Institutional change and American economic growth ［M］. New York: Cambridge University Press, 1971.

［82］ Deutsch M. The effect of motivational orientation upon trust and suspicion ［J］. Human relations, 1960, 13（2）：123 – 139.

［83］ Deutsch M. Trust and suspicion ［J］. The Journal of Conflict Resolution, 1958, 2（4）：265 – 279.

［84］ Dhanaraj C. , Lyles M. A. , Steensma H. K. , et al. Managing tacit and explicit knowledge transfer in IJVs: The role of relational embeddedness and the impact on performance ［J］. Journal of International Business Studies, 2004, 35（5）：428 – 442.

［85］ Dhanaraj C. , Parkhe A. Orchestrating innovation networks ［J］. The Academy of Management Review ARCHIVE, 2006, 31（3）：659 – 669.

［86］ Dodgson M. Organizational learning: a review of some literatures ［J］. Organization studies, 1993, 14（3）：375 – 394.

［87］ Doney P. M. , Cannon J. P. An examination of the nature of trust in buyer-seller relationships ［J］. Journal of Marketing, 1997, 61（2）：35 – 51.

［88］ Dore R. Goodwill and the spirit of market capitalism ［J］. The British Journal of Sociology, 1983, 34（4）：459 – 482.

［89］ Dwyer F. R. , Oh S. Output sector munificence effects on the internal political economy of marketing channels ［J］. Journal of Marketing Research, 1987, 24（4）：347 – 358.

［90］ Dwyer F. R. , Schurr P. H. , Oh S. Developing buyer-seller relationships [J]. Journal of Marketing, 1987, 51 (2): 11 – 27.

[91] Dyer J. H., Chu W. The determinants of trust in supplier-automaker relationships in the US, Japan and Korea [J]. Journal of International Business Studies, 2000, 31 (2): 259 – 285.

[92] Dyer J. H., Chu W. The role of trustworthiness in reducing transaction costs and improving performance: Empirical evidence from the United States, Japan, and Korea [J]. Organization science, 2003, 14 (1): 57 – 68.

[93] Dyer J. H., Singh H. The relational view: Cooperative strategy and sources of interorganizational competitive advantage [J]. Academy of Management Review, 1998, 23 (4): 660 – 679.

[94] Ellis K. M., Reus T. H., Lamont B. T. The effects of procedural and informational justice in the integration of related acquisitions [J]. Strategic Management Journal, 2009, 30 (2): 137 – 161.

[95] Emden Z., Yaprak A., Cavusgil S. T. Learning from experience in international alliances: Antecedents and firm performance implications [J]. Journal of Business Research, 2005, 58 (7): 883 – 892.

[96] Emerson R. M. Power-dependence relations [J]. American Sociological Review, 1962, 27 (1): 31 – 41.

[97] Emerson R. M. Social exchange theory [J]. Annual Review of Sociology, 1976, 2: 335 – 362.

[98] Faems D., Janssens M., Madhok A., et al. Toward an integrative perspective on alliance governance: Connecting contract design, trust dynamics, and contract application [J]. Academy of Management Journal, 2008, 51 (6): 1053 – 1078.

[99] Figueiredo P. N. The role of dual embeddedness in the innovative performance of MNE subsidiaries: Evidence from Brazil [J]. Journal of Management Studies, 2011, 48 (2): 417 – 440.

[100] Folger R., Konovsky M. A. Effects of procedural and distributive justice on reactions to pay raise decisions [J]. Academy of Management Journal,

1989, 32 (1): 115 –130.

[101] Fornell C. , Larcker D. F. Evaluating structural equation models with unobservable variables and measurement error [J]. Journal of Marketing Research, 1981, 18 (1): 39 –50.

[102] Frazier G. L. , Gill J. D. , Kale S. H. Dealer dependence levels and reciprocal actions in a channel of distribution in a developing country [J]. Journal of Marketing, 1989, 53 (1): 50 –69.

[103] Friedman M. Consumer boycotts: A conceptual framework and research agenda [J]. Journal of Social Issues, 1991, 47 (1): 149 –168.

[104] Gabarro J. J. The development of trust, influence, and expectations [M] // In Athos A. G. , Gabarro J. J. (eds.). Interpersonal behavior: Communication and understanding in relationships. Prentice Hall: Englewood Cliffs, NJ, 1978: 290 –303.

[105] Ganesan S. Determinants of long-term orientation in buyer-seller relationships [J]. Journal of Marketing, 1994, 58 (2): 1 –19.

[106] Gargiulo M. , Benassi M. Trapped in your own net? Network cohesion, structural holes, and the adaptation of social capital [J]. Organization Science, 2000, 11 (2): 183 –196.

[107] Gassenheimer J. B. , Manolis C. The influence of product customization and supplier selection on future intentions: The mediating effects of salesperson and organizational trust [J]. Journal of Managerial Issues, 2001, 13 (4): 418 –435.

[108] Geyskens I. , Steenkamp JBEM. , Kumar N. A meta-analysis of satisfaction in marketing channel relationships [J]. Journal of Marketing Research, 1999, 36 (2): 223 –238.

[109] Geyskens I. , Steenkamp JBEM. , Scheer L. K. , et al. The effects of trust and interdependence on relationship commitment: A trans-Atlantic study [J]. International Journal of Research in Marketing, 1996, 13 (4): 303 – 317.

［110］Geyskens I. , Steenkamp JBEM. Economic and social satisfaction: Measurement and relevance to marketing channel relationships ［J］. Journal of Retailing, 2000, 76 (1): 11 –32.

［111］Ghemawat P. Commitment: The dynamic of strategy ［M］. New York: Free Press, 1991.

［112］Gilliland D. I. , Bello D. C. Two sides to attitudinal commitment: The effect of calculative and loyalty commitment on enforcement mechanisms in distribution channels ［J］. Journal of the Academy of Marketing Science, 2002, 30 (1): 24 –43.

［113］Gong Y. , Shenkar O. , Luo Y. , et al. Do multiple parents help or hinder international joint venture performance? The mediating roles of contract completeness and partner cooperation ［J］. Strategic Management Journal, 2007, 28 (10): 1021 –1034.

［114］Good D. Individuals, interpersonal relations, and trust ［M］// In Gambetta DG (eds.). Trust. Basil Blackwell: New York, 1988: 131 – 185.

［115］Goodman L. E. , Dion P. A. The determinants of commitment in the distributor-manufacturer relationship ［J］. Industrial Marketing Management, 2001, 30 (3): 287 –300.

［116］Graebner M. E. Caveat venditor: Trust asymmetries in acquisitions of entrepreneurial firms ［J］. The Academy of Management Journal ARCHIVE, 2009, 52 (3): 435 –472.

［117］Granovetter M. Economic action, social structure and embeddedness ［J］. American Journal of Sociolog, 1985, 91: 63 –68.

［118］Granovetter M. Economic institutions as social constructions: A framework for analysis ［J］. Acta sociologica, 1992, 35 (1): 3 –11.

［119］Greenberg J. Organizational justice: Yesterday, today, and tomorrow ［J］. Journal of management, 1990, 16 (2): 399 –432.

［120］Greenberg J. The social side of fairness: Interpersonal and informational classes of organizational justice [C] // In Cropanzano R. Justice in the workplace: Approaching fairness in human resource management. Hillsdale, NJ: Erlbaum, 1993: 79 – 103.

[121] Greif A. Contracting, enforcement and efficiency: Economics beyond the law [C] // In. Annual World Bank Conference on Development Economics. WashingTon: Wold Bank, 1997: 121 – 149.

[122] Griffith D. A. , Harvey M. G. , Lusch R. F. Social exchange in supply chain relationships: The resulting benefits of procedural and distributive justice [J]. Journal of Operations Management, 2006, 24 (2): 85 – 98.

[123] Gulati R. , Sytch M. Dependence asymmetry and joint dependence in interorganizational relationships: Effects of embeddedness on a manufacturer's performance in procurement relationships [J]. Administrative Science Quarterly, 2007, 52 (1): 32 – 69.

[124] Gulati R. , Sytch M. The dynamics of trust [J]. Academy of Management Review, 2008, 33 (1): 276 – 278.

[125] Gulati R. Does familiarity breed trust? The implications of repeated ties for contractual choice in alliances [J]. Academy of Management Journal, 1995, 38 (1): 85 – 112.

[126] Gundlach G. T. , Achrol R. S. , Mentzer J. T. The structure of commitment in exchange [J]. Journal of Marketing, 1995, 59 (1): 78 – 92.

[127] Gustafsson A. , Johnson M. D. , Roos I. The effects of customer satisfaction, relationship commitment dimensions, and triggers on customer retention [J]. Journal of Marketing, 2005, 69 (4): 210 – 218.

[128] Hagedoorn J. , Frankort H. T. W. The gloomy side of embeddedness: The effects of overembeddedness on inter-firm partnership formation [J]. Advances in Strategic Management, 2008, 25: 503 – 530.

[129] Hagg I. , Johanson J. Firms in networks: A new view of competitive power [M]. SNS: Stockholm, Sweden, 1983.

[130] Harman H. H. Modem factor analysis [J]. Chicago: University of

Chicago, 1967.

[131] Hart K. M. , Capps H. R. , Cangemi J. P. , et al. Exploring organizational trust and its multiple dimensions: A case study of General Motors [J]. Organization Development Journal, 1986, 4 (2): 31 – 39.

[132] Heide J. B. , John G. Do norms matter in marketing relationships? [J]. Journal of Marketing, 1992, 56 (2): 32 – 44.

[133] Heide J. B. , Miner A. S. The shadow of the future: Effects of anticipated interaction and frequency of contact on buyer-seller cooperation [J]. Academy of Management Journal, 1992, 35 (2): 265 – 291.

[134] Heide J. B. Interorganizational governance in marketing channels [J]. Journal of Marketing, 1994, 58 (1): 71 – 85.

[135] Helper S. Strategy and irreversibility in supplier relations: The case of the US automobile industry [J]. Business History Review, 1991, 65 (4): 781 – 824.

[136] Hennart J. F. Explaining the swollen middle: Why most transactions are a mix of "market" and "hierarchy" [J]. Organization Science, 1993, 4 (4): 529 – 547.

[137] Hitt M. A. , Ahlstrom D. , Dacin M. T. , et al. The institutional effects on strategic alliance partner selection in transition economies: China vs. Russia [J]. Organization Science, 2004, 15 (2): 173 – 185.

[138] Holmstrom B. , Hart O. The theory of contracts [C] // In Bewley T. Advances in Economic Theory, Fifth World Congress. Cambridge: Cambridge University Press, 1987.

[139] Hosmer L. T. Trust: The connecting link between organizational theory and philosophical ethics [J]. Academy of management Review, 1995, 20 (2): 379 – 403.

[140] Hovland C. I. , Janis I. L. , Kelley H. H. Communication and persuasion: Psychological studies of opinion change [M]. New Haven, CT, US: Yale University Press, 1953.

[141] Husted B. W. , Folger R. Fairness and transaction costs: The contribution of organizational justice theory to an integrative model of economic organization [J]. Organization Science, 2004, 15 (6): 719 – 729.

[142] Inkpen A. C. , Currall S. C. The nature, antecedents, and consequences of joint venture trust [J]. Journal of International Management, 1998, 4 (1): 1 – 20.

[143] Ireland R. D. , Webb J. W. A multi-theoretic perspective on trust and power in strategic supply chains [J]. Journal of Operations Management, 2007, 25 (2): 482 – 497.

[144] Irwin J. , McClelland G. Misleading heuristics for moderated multiple regression models [J]. Journal of Marketing Research, 2001, 38 (1): 100 – 109.

[145] Iverson R. D. , Buttigieg D. M. Affective, normative and continuance commitment: Can the 'right kind' of commitment be managed?[J]. Journal of Management Studies, 1999, 36 (3): 307 – 333.

[146] Janssen O. , Lam C. K. , Huang X. Emotional exhaustion and job performance: The moderating roles of distributive justice and positive affect [J]. Journal of Organizational Behavior, 2010, 31 (6): 787 – 809.

[147] Jap S. D. , Ganesan S. Control mechanisms and the relationship life cycle: Implications for safeguarding specific investments and developing commitment [J]. Journal of Marketing Research, 2000, 37 (2): 227 – 245.

[148] Jap S. D. Pie-expansion efforts: Collaboration processes in buyer-supplier relationships [J]. Journal of Marketing Research, 1999, 36 (4): 461 – 475.

[149] John G. An empirical investigation of some antecedents of opportunism in a marketing channel [J]. Journal of Marketing Research, 1984, 21 (3): 278 – 289.

[150] Johnson J. P. , Korsgaard M. A. , Sapienza H. J. Perceived fairness, decision control, and commitment in international joint venture management

teams [J]. Strategic Management Journal, 2002, 23 (12): 1141 –1160.

[151] Johnston D. A., McCutcheon D. M., Stuart F. I., et al. Effects of supplier trust on performance of cooperative supplier relationships [J]. Journal of Operations Management, 2004, 22 (1): 23 –38.

[152] Jones A. P., James L. R., Bruni J. R. Perceived leadership behavior and employee confidence in the leader as moderated by job involvement [J]. Journal of Applied Psychology, 1975, 60 (1): 146 –149.

[153] Kahneman D., Knetsch J. L., Thaler R. Fairness as a constraint on profit seeking: Entitlements in the market [J]. The American Economic Review, 1986, 76 (4): 728 –741.

[154] Kale S. H. Dealer perceptions of manufacturer power and influence strategies in a developing country [J]. Journal of Marketing Research, 1986, 23 (4): 387 –393.

[155] Kamp B. Formation and evolution of buyer-supplier relationships: Conceiving dynamism in actor composition of business networks [J]. Industrial Marketing Management, 2005, 34 (7): 658 –668.

[156] Katsikeas C. S., Skarmeas D., Bello D. C. Developing successful trust-based international exchange relationships [J]. Journal of International Business Studies, 2008, 40 (1): 132 –155.

[157] Kaufmann P. J., Stern L. W. Relational exchange norms, perceptions of unfairness, and retained hostility in commercial litigation [J]. Journal of Conflict Resolution, 1988, 32 (3): 534 –552.

[158] Kee H. W., Knox R. E. Conceptual and methodological considerations in the study of trust and suspicion [J]. Journal of Conflict Resolution, 1970, 14 (3): 357 –366.

[159] Kerlinger F. N., Lee H. B. Foundations of behavioral research [M]. New York: Holt, Rinehart, Winston, Inc., 1973.

[160] Kim K., Frazier G. L. On distributor commitment in industrial channels of distribution: A multicomponent approach [J]. Psychology and

Marketing, 1997, 14 (8): 847 – 877.

[161] Kim K., Oh C. On distributor commitment in marketing channels for industrial products: Contrast between the United States and Japan [J]. Journal of International Marketing, 2002, 10 (1): 72 – 97.

[162] Kim K. On the effects of customer conditions on distributor commitment and supplier commitment in industrial channels of distribution [J]. Journal of Business Research, 2001, 51 (2): 87 – 99.

[163] Kim S. K., Hsieh P. H. Interdependence and its consequences in distributor-supplier relationships: A distributor perspective through response surface approach [J]. Journal of Marketing Research, 2003, 40 (1): 101 – 112.

[164] Klein B., Crawford R. G., Alchian A. A. Vertical integration, appropriable rents, and the competitive contracting process [J]. Journal of Law and Economics, 1978, 21 (2): 297 – 326.

[165] Ko J. W., Price J. L., Mueller C. W. Assessment of Meyer and Allen's three-component model of organizational commitment in South Korea [J]. Journal of Applied Psychology, 1997, 82 (6): 961 – 973.

[166] Kok R. A. W., Creemers P. A. Alliance governance and product innovation project decision making [J]. European Journal of Innovation Management, 2008, 11 (4): 472 – 487.

[167] Konovsky M. A., Folger R., Cropanzano R. Relative effects of procedural and distributive justice on employee attitudes [J]. Representative Research in Social Psychology, 1987, 17 (1): 15 – 24.

[168] Korczynski M. The political economy of trust [J]. Journal of Management Studies, 2000, 37 (1): 1 – 21.

[169] Krishnan R., Martin X., Noorderhaven N. G. When does trust matter to alliance performance? [J]. The Academy of Management Journal ARCHIVE, 2006, 49 (5): 894 – 917.

[170] Kulik C. T., Lind E. A., Ambrose M. L., et al. Understanding

gender differences in distributive and procedural justice ［J］. Social Justice Research, 1996, 9（4）: 351 − 369.

［171］ Kumar A. , Heide J. B. , Wathne K. H. Performance Implications of Mismatched Governance Regimes Across External and Internal Relationships ［J］. Journal of Marketing, 2011, 75（2）: 1 − 17.

［172］ Kumar N. , Scheer L. K. , Steenkamp JBEM. The effects of perceived interdependence on dealer attitudes ［J］. Journal of Marketing Research, 1995, 32（3）: 348 − 356.

［173］ Kumar N. , Scheer L. K. , Steenkamp JBEM. The effects of supplier fairness on vulnerable resellers ［J］. Journal of Marketing Research, 1995, 32（1）: 54 − 65.

［174］ Kumar N. , Stern L. W. , Achrol R. S. Assessing reseller performance from the perspective of the supplier ［J］. Journal of Marketing Research, 1992, 29（2）: 238 − 253.

［175］ Lado A. A. , Dant R. R. , Tekleab A. G. Trust-opportunism paradox, relationalism, and performance in interfirm relationships: Evidence from the retail industry ［J］. Strategic Management Journal, 2008, 29（4）: 401 − 423.

［176］ Lambert D. M. , Harrington T. C. Measuring nonresponse bias in customer service mail surveys ［J］. Journal of Business Logistics, 1990, 11 （2）: 5 − 25.

［177］ Larson A. Network dyads in entrepreneurial settings: A study of the governance of exchange relationships ［J］. Administrative Science Quarterly, 1992, 37（1）: 76 − 104.

［178］ Lazzarini S. G. , Miller G. J. , Zenger T. R. Dealing with the paradox of embeddedness: The role of contracts and trust in facilitating movement out of committed relationships ［J］. Organization Science, 2010, 19（5）: 709 − 728.

［179］ Lechner C. , Dowling M. , Welpe I. Firm networks and firm development: The role of the relational mix ［J］. Journal of Business Venturing,

2006, 21 (4): 514 –540.

[180] Leventhal G. S. , Karuza J. , Fry W. R. Beyond fairness: A theory of allocation preferences [M] // In Mikula G (eds.). Justice and social interaction. Springer-Verlag: New York, 1980: 167 –218.

[181] Leventhal G. S. , Lane D. W. Sex, age, and equity behavior [J]. Journal of Personality and Social Psychology, 1970, 15 (4): 312.

[182] Lewicki R. J. , Bunker B. B. Trust in relationships: A model of development and decline [M] // In Bunker BB, Rubin JZ (eds.). Conflict, Cooperation and Justice. San Francisco: Jossey-Bass, 1995.

[183] Lewis J. D. , Weigert A. Trust as a social reality [J]. Social forces, 1985, 63 (4): 967 –985.

[184] Lieberman J. K. The litigious society [M]. New York: Basic Books, 1981.

[185] Lin X. , Wang C. L. Enforcement and performance: The role of ownership, legalism and trust in international joint ventures [J]. Journal of World Business, 2008, 43 (3): 340 –351.

[186] Lind E. A. , Tyler T. R. The social psychology of procedural justice [M]. New York: Plenum Press, 1988.

[187] Liu Y. , Huang Y. , Luo Y. , et al. How Does Justice Matter in Achieving Buyer-Supplier Relationship Performance?[J]. Journal of Operations Management, 2012, 30 (5): 355 –367.

[188] Liu Y. , Li Y. , Tao L. , et al. Relationship stability, trust and relational risk in marketing channels: Evidence from China [J]. Industrial Marketing Management, 2008, 37 (4): 432 –446.

[189] Liu Y. , Luo Y. , Liu T. Governing buyer-supplier relationships through transactional and relational mechanisms: Evidence from China [J]. Journal of Operations Management, 2009, 27 (4): 294 –309.

[190] Luhmann N. , Davis H. , Raffan J. , et al. Trust and Power Chichester [M]. England: Wiley, 1979.

[191] Luo Y. , Liu Y. , Zhang L. , et al. A taxonomy of control mechanisms and effects on channel cooperation in China [J]. Journal of the Academy of Marketing Science, 2011, 39 (2): 307 – 326.

[192] Luo Y. Contract, cooperation, and performance in international joint ventures [J]. Strategic Management Journal, 2002, 23 (10): 903 – 919.

[193] Luo Y. From gain-sharing to gain-generation: The quest for distributive justice in international joint ventures [J]. Journal of International Management, 2009, 15 (4): 343 – 356.

[194] Luo Y. How important are shared perceptions of procedural justice in cooperative alliances? [J]. The Academy of Management Journal, 2005, 48 (4): 695 – 709.

[195] Luo Y. Procedural fairness and interfirm cooperation in strategic alliances [J]. Strategic Management Journal, 2008, 29 (1): 27 – 46.

[196] Luo Y. The independent and interactive roles of procedural, distributive, and interactional justice in strategic alliances [J]. The Academy of Management Journal ARCHIVE, 2007, 50 (3): 644 – 664.

[197] Luo Y. Toward the micro and macro-level consequences of interactional justice in cross-cultural joint ventures [J]. Human Relations, 2006, 59 (8): 1019 – 1047.

[198] Lusch R. F. , Brown J. R. Interdependency, contracting, and relational behavior in marketing channels [J]. Journal of Marketing, 1996, 60 (4): 19 – 38.

[199] Lusch R. F. , O'Brien M. , Sindhav B. The critical role of trust in obtaining retailer support for a supplier's strategic organizational change [J]. Journal of Retailing, 2003, 79 (4): 249 – 258.

[200] MacDuffie J. P. Inter-organizational trust and the dynamics of distrust [J]. Journal of International Business Studies, 2011, 42 (1): 35 – 47.

[201] Macneil I. R. Power, contract, and the economic model [J]. Journal of Economic Issues, 1980, 14 (4): 909 – 923.

［202］ Macneil I. R. The new social contract: An inquiry into modern contractual relations ［M］. New Haven, CT: Yale University Press, 1980.

［203］ Mayer K. J. , Argyres N. S. Learning to contract: Evidence from the personal computer industry ［J］. Organization Science, 2004, 15 （4）: 394 – 410.

［204］ Mayer R. C. , Davis J. H. , Schoorman F. D. An integrative model of organizational trust ［J］. Academy of Management Review, 1995, 20 （3）: 709 – 734.

［205］ McEvily B. , Marcus A. Embedded ties and the acquisition of competitive capabilities ［J］. Strategic Management Journal, 2005, 26 （11）: 1033 – 1055.

［206］ McFarlin D. B. , Sweeney P. D. Distributive and procedural justice as predictors of satisfaction with personal and organizational outcomes ［J］. Academy of Management Journal, 1992, 35 （3）: 626 – 637.

［207］ McKnight D. H. , Cummings L. L. , Chervany N. L. Initial trust formation in new organizational relationships ［J］. Academy of Management Review, 1998, 23 （3）: 473 – 490.

［208］ Mesquita L. F. , Anand J. , Brush T. H. Comparing the resource-Based and relational views: Knowledge transfer and spillover in vertical alliances ［J］. Strategic Management Journal, 2008, 29 （9）: 913 – 941.

［209］ Meuleman M. , Lockett A. , Manigart S. , et al. Partner selection decisions in interfirm collaborations: The paradox of relational embeddedness ［J］. Journal of Management Studies, 2010, 47 （6）: 995 – 1019.

［210］ Meyer J. P. , Allen N. J. A three-component conceptualization of organizational commitment ［J］. Human Resource Management Review, 1991, 1 （1）: 61 – 89.

［211］ Meyer J. W. , Rowan B. Institutionalized organizations: Formal structure as myth and ceremony ［J］. American Journal of Sociology, 1977, 83 （2）: 340 – 363.

［212］Meyer K. E. , Estrin S. , Bhaumik S. K. , et al. Institutions, re-sources, and entry strategies in emerging economies ［J］. Strategic Manage-ment Journal, 2009, 30 (1): 61 –80.

［213］Miles M. B. , Huberman A. M. Qualitative data analysis ［M］. Thousand Oaks: Sage Publications, 1994.

［214］Mishra A. K. Organizational responses to crisis: The centrality of trust ［M］// In Kramer R. M. , Tyler T (eds.). Trust In Organizations. Newbury Park, CA: Sage, 1996: 261 –287.

［215］Mohr J. , Spekman R. Characteristics of partnership success: Part-nership attributes, communication behavior, and conflict resolution techniques ［J］. Strategic Management Journal, 1994, 15 (2): 135 –152.

［216］Mohr J. J. , Spekman R. E. Several characteristics contribute to successful alliances between channel members ［J］. Marketing Management, 1996, 4 (4): 34 –43.

［217］Mollering G. Perceived trustworthiness and inter-firm governance: Empirical evidence from the UK printing industry ［J］. Cambridge Journal of Economics, 2002, 26 (2): 139 –160.

［218］Mooi E. A. , Ghosh M. Contract specificity and its performance im-plications ［J］. Journal of Marketing, 2010, 74 (2): 105 –120.

［219］Moorman C. , Zaltman G. , Deshpande R. Relationships between providers and users of market research: The dynamics of trust within and be-tween organizations ［J］. Journal of Marketing Research, 1992, 29 (3): 314 –328.

［220］Morgan R. M. , Hunt S. D. The commitment-trust theory of rela-tionship marketing ［J］. Journal of Marketing, 1994, 58 (3): 20 –38.

［221］Mudambi R. , Helper S. The close but adversarial model of suppli-er relations in the U. S. auto industry ［J］. Strategic Management Journal, 1998, 19 (8): 775 –792.

［222］Nahapiet J. , Ghoshal S. Social capital, intellectual capital, and the organizational advantage [J]. Academy of Management Review, 1998, 23 (2): 242 – 266.

[223] Nishiguchi T. Strategic Industrial Sourcing [M]. New York: Oxford University Press, 1994.

[224] Nooteboom B. , Berger H. , Noorderhaven N. G. Effects of trust and governance on relational risk [J]. Academy of Management Journal, 1997, 40 (2): 308 – 338.

[225] North D. C. Institutions, institutional change, and economic performance [M]. New York: Cambridge University Press, 1990.

[226] Okhmatovskiy I. Performance implications of ties to the government and SOEs: A political embeddedness perspective [J]. Journal of Management Studies, 2010, 47 (6): 1020 – 1047.

[227] Oliver C. The influence of institutional and task environment relationships on organizational performance: The Canadian construction industry [J]. Journal of Management Studies, 1997, 34 (1): 99 – 124.

[228] Ouchi W. G. A conceptual framework for the design of organizational control mechanisms [J]. Management Science, 1979, 25 (9): 833 – 848.

[229] Parameswaran R. , Yaprak A. A cross-national comparison of consumer research measures [J]. Journal of International Business Studies, 1987, 18 (1): 35 – 49.

[230] Parkhe A. Strategic alliance structuring: A game theoretic and transaction cost examination of interfirm cooperation [J]. Academy of Management Journal, 1993, 36 (4): 794 – 829.

[231] Patient D. L. , Skarlicki D. P. Increasing interpersonal and informational justice when communicating negative news: The role of the manager's empathic concern and moral development [J]. Journal of Management, 2010, 36 (2): 555 – 578.

[232] Peng M. W. , Luo Y. Managerial ties and firm performance in a transition economy: The nature of a micro-macro link [J]. Academy of man-

agement journal, 2000, 43 (3): 486 – 501.

[233] Peng M. W. Institutional transitions and strategic choices [J]. Academy of Management Review, 2003, 28 (2): 275 – 296.

[234] Pillai R., Schriesheim C. A., Williams E. S. Fairness perceptions and trust as mediators for transformational and transactional leadership: A two-sample study [J]. Journal of Management, 1999, 25 (6): 897 – 933.

[235] Pilling B. K., Crosby L. A., Jackson D. W. Relational bonds in industrial exchange: An experimental test of the transaction cost economic framework [J]. Journal of Business Research, 1994, 30 (3): 237 – 251.

[236] Podsakoff P. M., MacKenzie S. B., Lee J. Y., et al. Common method biases in behavioral research: A critical review of the literature and recommended remedies [J]. Journal of Applied Psychology, 2003, 88 (5): 879 – 903.

[237] Podsakoff P. M., Organ D. W. Self-reports in organizational research: Problems and prospects [J]. Journal of Management, 1986, 12 (4): 531 – 544.

[238] Porter L. W., Steers R. M., Mowday R. T., et al. Organizational commitment, job satisfaction, and turnover among psychiatric technicians [J]. Journal of Applied Psychology, 1974, 59 (5): 603 – 609.

[239] Portes A., Sensenbrenner J. Embeddedness and immigration: Notes on the social determinants of economic action [J]. American Journal of Sociology, 1993, 98 (6): 1320 – 1350.

[240] Powell W. Neither market nor hierarchy: Network forms of organization [M] // In Research in organizational behavior. Greenwich, CT: JAI Press, 1990: 295 – 336.

[241] Provan K. G. Embeddedness, interdependence, and opportunism in organizational supplier-buyer networks [J]. Journal of Management, 1994, 19 (4): 841 – 856.

[242] Pruitt D. G. Negotiation behavior [M]. New York: Academic

Press, 1981.

[243] Ramaswami S. N. , Singh J. Antecedents and consequences of merit pay fairness for industrial salespeople [J]. Journal of Marketing, 2003, 67 (4): 46 –66.

[244] Rindfleisch A. , Heide J. B. Transaction cost analysis: Past, present, and future applications [J]. Journal of Marketing, 1997, 61 (4): 30 –54.

[245] Ring P. S. , Van de Ven A. H. Developmental processes of cooperative interorganizational relationships [J]. Academy of Management Review, 1994, 19 (1): 90 –118.

[246] Ring P. S. , Van de Ven A. H. Structuring cooperative relationships between organizations [J]. Strategic management journal, 1992, 13 (7): 483 –498.

[247] Ross Jr W. T. , Anderson E. , Weitz B. Performance in principal-agent dyads: The causes and consequences of perceived asymmetry of commitment to the relationship [J]. Management Science, 1997, 43 (5): 680 – 704.

[248] Rotter J. B. A new scale for the measurement of interpersonal trust1 [J]. Journal of Personality, 1967, 35 (4): 651 –665.

[249] Rousseau D. M. , Sitkin S. B. , Burt R. S. , et al. Not so different after all: A cross-discipline view of trust [J]. Academy of Management Review, 1998, 23 (3): 393 –404.

[250] Rousseau D. M. Why workers still identify with organizations [J]. Journal of Organizational Behavior, 1998, 19 (3): 217 –233.

[251] Rowley T. , Behrens D. , Krackhardt D. Redundant governance structures: An analysis of structural and relational embeddedness in the steel and semiconductor industries [J]. Strategic Management Journal, 2000, 21 (3): 369 –386.

[252] Roy S. , Sivakumar K. , Wilkinson I. F. Innovation generation in supply chain relationships: A conceptual model and research propositions [J].

Journal of the Academy of Marketing Science, 2004, 32 (1): 61 – 79.

[253] Runciman W. G. Relative deprivation & social justice: Study attitudes social inequality in 20th century England [M]. Berkeley, CA: University of California Press, 1966.

[254] Sabel C. F., Studies CUCF. Learning by monitoring: the institutions of economic development [M] // In Smelser NJ, Swedberg S (eds.). The Handbook of Economic Sociology. Princeton, NJ: Princeton University Press, 1993: 137 – 165.

[255] Sabel C. F. Studied trust: Building new forms of cooperation in a volatile economy [J]. Human Relations, 1993, 46 (9): 1133 – 1170.

[256] Sako M., Helper S. Determinants of trust in supplier relations: Evidence from the automotive industry in Japan and the United States [J]. Journal of Economic Behavior & Organization, 1998, 34 (3): 387 – 417.

[257] Sako M. The role of trust in Japanese buyer-supplier relationships [J]. Ricerche economice, 1991, 45: 449 – 474.

[258] Samaha S. A., Palmatier R. W., Dant R. P. Poisoning Relationships: Perceived Unfairness in Channels of Distribution [J]. Journal of Marketing, 2011, 75 (3): 99 – 117.

[259] Schlenker B. R., Helm B., Tedeschi J. T. The effects of personality and situational variables on behavioral trust [J]. Journal of Personality and Social Psychology, 1973, 25 (3): 419 – 427.

[260] Schminke M., Cropanzano R., Rupp D. E. Organization structure and fairness perceptions: The moderating effects of organizational level [J]. Organizational Behavior and Human Decision Processes, 2002, 89 (1): 881 – 905.

[261] Schoorman F. D., Mayer R. C., Davis J. H. An integrative model of organizational trust: Past, present, and future [J]. The Academy of Management Review ARCHIVE, 2007, 32 (2): 344 – 354.

[262] Schumacker R. Regression Discontinuity Models and the Variance

Inflation Factor [J]. Multiple Linear Regression Viewpoints, 2008, 34 (1): 13 – 18.

[263] Scott W. R. , Meyer J. W. The organization of societal sectors [M] // In Powell WW, DiMaggio PJ (eds.). The new institutionalism in or- ganizational analysis. stage: Beverly Hills, CA, 1983: 129 – 153.

[264] Scott W. R. Institutions and Organizations [M]. Thousand Oaks: Sage, 1995.

[265] Scott W. R. The organization of environments: Network, cultural, and historical elements [M]. Beverly Hills, CA: Sage, 1983.

[266] Seppanen R. , Blomqvist K. , Sundqvist S. Measuring inter-organi- zational trust-critical review of the empirical research in 1990—2003 [J]. Industrial Marketing Management, 2007, 36 (2): 249 – 265.

[267] Sharma S. , Durand R. M. , Gur-Arie O. Identification and analy- sis of moderator variables [J]. Journal of Marketing Research, 1981, 18 (3): 291 – 300.

[268] Sheppard B. H. , Sherman D. M. The grammars of trust: A model and general implications [J]. Academy of Management Review, 1998, 23 (3): 422 – 437.

[269] Simmel G. The Philosophy of Money, translated by Tom Bottomore and David Frisby [M]. London: Routledge & Kegan Paul, 1978.

[270] Simmel G. The sociology of Simmel [M]. New York: Free Press, 1950.

[271] Sitkin S. B. , Roth N. L. Explaining the limited effectiveness of legalistic "remedies" for trust/distrust [J]. Organization science, 1993, 4 (3): 367 – 392.

[272] Skarlicki D. P. , Folger R. , Tesluk P. Personality as a moderator in the relationship between fairness and retaliation [J]. Academy of Manage- ment Journal, 1999, 42 (1): 100 – 108.

[273] Skarlicki D. P. , Folger R. Retaliation in the workplace: The roles

of distributive, procedural, and interactional justice [J]. Journal of Applied Psychology, 1997, 82 (3): 434.

[274] Skarmeas D., Katsikeas C. S., Schlegelmilch B. B. Drivers of commitment and its impact on performance in cross-cultural buyer-seller relationships: The importer's perspective [J]. Journal of International Business Studies, 2002, 33 (4): 757 – 783.

[275] Sollner A. Asymmetrical commitment in business relationships [J]. Journal of Business Research, 1999, 46 (3): 219 – 233.

[276] Solomon R. C., Flores F. Building trust: In business, politics, relationships, and life [M]. New York: Oxford University Press, 2001.

[277] Stanko M. A., Bonner J. M., Calantone R. J. Building commitment in buyer-seller relationships: A tie strength perspective [J]. Industrial Marketing Management, 2007, 36 (8): 1094 – 1103.

[278] Strickland L. H. Surveillance and trust [J]. Journal of Personality, 1958, 26 (2): 200 – 215.

[279] Sudman S., Bradburn N. M. Asking questions: A practical guide to questionnaire design [M]. San Fransico: Jossey-Bass, 1982.

[280] Sweeney P. D., McFarlin D. B. Process and outcome: Gender differences in the assessment of justice [J]. Journal of Organizational Behavior, 1997, 18 (1): 83 – 98.

[281] Thibaut J., Walker L. Procedural justice: A psychological analysis [M]. Hillsdale, NJ: Erlbaum, 1975.

[282] Uzzi B. Social structure and competition in interfirm networks: The paradox of embeddedness [J]. Administrative Science Quarterly, 1997, 42 (1): 35 – 67.

[283] Uzzi B. The sources and consequences of embeddedness for the economic performance of organizations: The network effect [J]. American Sociological Review, 1996, 61 (4): 674 – 698.

[284] Van Bruggen G. H., Kacker M., Nieuwlaat C. The impact of chan-

nel function performance on buyer-seller relationships in marketing channels [J]. International Journal of Research in Marketing, 2005, 22 (2): 141 – 158.

[285] Van der Vegt G. S. , de Jong S. B. , Bunderson J. S. , et al. Power asymmetry and learning in teams: The moderating role of performance feedback [J]. Organization Science, 2010, 21 (2): 347 – 361.

[286] Vangen S. , Huxham C. Enacting leadership for collaborative advantage: Dilemmas of ideology and pragmatism in the activities of partnership managers [J]. British Journal of Management, 2003, 14: 61 – 76.

[287] Waldman D. A. , Javidan M. , Varella P. Charismatic leadership at the strategic level: A new application of upper echelons theory [J]. The Leadership Quarterly, 2004, 15 (3): 355 – 380.

[288] Wanberg C. R. , Gavin M. B. , Bunce L. W. Perceived fairness of layoffs among individuals who have been laid off: A longitudinal study [J]. Personnel Psychology, 1999, 52 (1): 59 – 84.

[289] Wetzels M. , De Ruyter K. , Van Birgelen M. Marketing service relationships: The role of commitment [J]. Journal of Business & Industrial Marketing, 1998, 13 (4/5): 406 – 423.

[290] Whitener E. M. , Brodt S. E. , Korsgaard M. A. , et al. Managers as initiators of trust: An exchange relationship framework for understanding managerial trustworthy behavior [J]. Academy of Management Review, 1998, 23 (3): 513 – 530.

[291] Whitener E. M. , Brodt S. E. , Korsgaard M. A. , et al. Managers as initiators of trust: An exchange relationship framework for understanding managerial trustworthy behavior [J]. Academy of Management Review, 1998, 23 (3): 513 – 530.

[292] Whittington R. Putting Giddens into action: Social systems and managerial agency [J]. Journal of Management Studies, 1992, 29 (6): 693 – 712.

[293] Wiesenfeld B. M. , Swann W. B. , Brockner J. , et al. Is more

fairness always preferred? Self-esteem moderates reactions to procedural justice [J]. The Academy of Management Journal ARCHIVE, 2007, 50 (5): 1235 – 1253.

[294] Williams M. Building genuine trust through interpersonal emotion management: A threat regulation model of trust and collaboration across boundaries [J]. Academy of Management Review, 2007, 32 (2): 595 – 621.

[295] Williamson O. Markets and hierarchies: Analysis and antitrust implications [M]. New York: Free Press, 1975.

[296] Williamson O. E. Calculativeness, trust, and economic organization [J]. Journal of Law & Economics, 1993, 36: 453 – 486.

[297] Williamson O. E. Comparative economic organization: The analysis of discrete structural alternatives [J]. Administrative Science Quarterly, 1991, 36 (2): 269 – 296.

[298] Williamson O. E. Strategizing, economizing, and economic organization [J]. Strategic Management Journal, 1991, 12 (S2): 75 – 94.

[299] Williamson O. E. The economic institutions of capitalism: Firms, markets, relational contracting [M]. New York: Free Press, 1985.

[300] Williamson O. E. Transaction-cost economics: The governance of contractual relations [J]. Journal of Law and Economics, 1979, 22 (2): 233 – 261.

[301] Woolthuis R. K. , Hillebrand B. , Nooteboom B. Trust, contract and relationship development [J]. Organization Studies, 2005, 26 (6): 813 – 840.

[302] Wuyts S. , Geyskens I. The formation of buyer-supplier relationships: Detailed contract drafting and close partner selection [J]. Journal of Marketing, 2005, 69 (4): 103 – 117.

[303] Yilmaz C. , Hunt S. D. Salesperson cooperation: The influence of relational, task, organizational, and personal factors [J]. Journal of the Academy of Marketing Science, 2001, 29 (4): 335 – 357.

[304] Yilmaz C. , Sezen B. , Kabaday E. T. Supplier fairness as a mediating factor in the supplier performance-reseller satisfaction relationship [J]. Journal of Business Research, 2004, 57 (8): 854 – 863.

[305] Yilmaz C. , Sezen B. , Ozdemir O. Joint and interactive effects of trust and (inter) dependence on relational behaviors in long-term channel dyads [J]. Industrial Marketing Management, 2005, 34 (3): 235 – 248.

[306] Young-Ybarra C. , Wiersema M. Strategic flexibility in information technology alliances: The influence of transaction cost economics and social exchange theory [J]. Organization Science, 1999, 10 (4): 439 – 459.

[307] Yu C. M. J. , Liao T. J. , Lin Z. D. Formal governance mechanisms, relational governance mechanisms, and transaction-specific investments in supplier-manufacturer relationships [J]. Industrial Marketing Management, 2006, 35 (2): 128 – 139.

[308] Zaheer A. , Harris J. Interorganizational trust for inclusion. O. Shenkar, J. Reuer, eds. Handbook of Strategic Alliances [M]. In. Sage publications, Thousand Oaks, CA, 2005.

[309] Zaheer A. , McEvily B. , Perrone V. Does trust matter? Exploring the effects of interorganizational and interpersonal trust on performance [J]. Organization Science, 1998, 9 (2): 141 – 159.

[310] Zhou K. Z. , Poppo L. Exchange hazards, relational reliability, and contracts in China: The contingent role of legal enforceability [J]. Journal of International Business Studies, 2010, 41 (5): 861 – 881.

[311] Zucker L. G. Institutional theories of organization [J]. Annual Review of Sociology, 1987, 13: 443 – 464.

[312] Zucker L. G. Production of trust: Institutional sources of economic structure, 1840 – 1920 [M] // In Staw BM, Cummings LL (eds.). Research in organizational behavior. JAI Press: Greenwichi, CT, 1986: 53 – 111.

[313] Zukin S. , DiMaggio P. Structures of capital: The social organization of the economy [M]. New York: Cambridge Univ Press, 1990.